LE STATUAIRE

J.-B. CARPEAUX

R.R.
A. Quantin imp. Edit.
J.-B. CARPEAUX
1875

LE STATUAIRE

J.-B. CARPEAUX

SA VIE ET SON ŒUVRE

PAR

ERNEST CHESNEAU

PARIS

A. QUANTIN, IMPRIMEUR-ÉDITEUR

7, RUE SAINT-BENOIT

1880

ÉMILIEN DE NIEUWERKERKE

Membre de l'Institut, ancien surintendant des Beaux-Arts.

Mon cher comte,

C'est votre nom que Carpeaux, alors absolument inconnu, vit au bas de sa première commande officielle : le bas-relief d'Abd-el-Kader, en 1853.

C'est vous qui, huit ans plus tard, à Rome, devançant l'avenir, le nommiez déjà par une glorieuse périphrase « l'homme d'Ugolin » et sollicitiez, pour l'État, l'exécution de cette œuvre magistrale.

Dès ce moment, et jusqu'en 1870, vous n'avez cessé de lui demander des ouvrages à la mesure de son génie.

Son âme reconnaissante ne l'avait pas oublié.

Enfin c'est chez vous, à l'une de vos soirées du vendredi au Louvre, que pour la première fois je l'ai rencontré et me suis lié d'affection avec lui.

A ces divers titres, l'historien de Carpeaux se serait fait un devoir de vous offrir la dédicace de ce livre.

Mais je veux invoquer un autre titre encore et le consacrer ici, car il m'est infiniment précieux; c'est celui de la constante amitié dont vous honorez depuis tout à l'heure vingt ans, mon cher comte.

Votre très affectionné, tout dévoué et toujours fidèle

ERNEST CHESNEAU.

Novembre 1879.

PRÉFACE

Jamais comme au moment d'écrire la vie et d'analyser l'œuvre d'un grand artiste que j'ai, à certaine date, beaucoup connu, dès lors tendrement aimé, et toujours admiré, jamais, comme à cette heure, je n'ai mesuré l'étendue des difficultés, le poids des responsabilités qui s'imposent à tout historien du temps présent.

Combien il est plus aisé de parler des maîtres anciens! Pour nous, qui les jugeons des lointaines reculées du passé, les grandes lignes de leur biographie seules ont conservé de la valeur; seuls les traits largement accusés de leur caractère ont une signification intéressante. Les incidents, les menus épisodes, les détails nous demeurent inconnus ; les accidents de santé, les nuances d'humeur à tel ou tel jour nous échappent. Véridique ou non, telle quelle, nous acceptons la légende sans scrupule, parce qu'elle nous arrive formée et fermée.

S'agit-il, au contraire, d'un maître qui fut notre contemporain, nous nous sentons, au plus intime de notre conscience, remués par un trouble profond. C'est que nous sommes, à notre tour, des fondateurs de légende. Et cette légende que l'avenir acceptera de nous avec confiance, qu'il ne pourra contrôler, nous voulons qu'elle soit vraie. Mais le vrai, où le trouver?

Où est le vrai dans cette profusion de récits, d'anecdotes de toute sorte, de documents de toute provenance qui, au jour de nos deuils, surgissent de partout, occupent les conversations de chacun, escaladent les colonnes des journaux, charriant dans toutes les directions l'erreur avec la vérité, le pour et le contre, les assertions contradictoires, le possible et le probable comme l'invraisemblable et l'impossible, les témoignages erronés mais sincères, et les témoignages mensongers, les propos des ateliers amis et les propos des ateliers rivaux : tout cela trop souvent inventé à plaisir, ou dénaturé, ou dé-

tourné de son caractère effectif, parfois exact pourtant, et rapporté, colporté, répété, redit dans toutes
les grandes langues par la presse des deux mondes?
Et de tous ces éléments il faudrait pouvoir tenir
compte; toutes ces affirmations, il faudrait pouvoir
les passer au crible pour en infirmer ou confirmer
la qualité réelle. Comment suffire à pareille tâche?
Dans une telle masse d'informations, comment faire
un choix?

Avec quelque sollicitude pourtant on y réussirait. Mais est-ce donc à cet embarras du choix causé
par la surabondance des faits et des particularités
biographiques, est-ce seulement à ce travail d'examen patient, d'épuration des sources et d'élimination
vigilante que se bornent les difficultés de l'entreprise? Point du tout. La pire entrave est que, si
près des personnes et des choses, pas un, même
parmi les plus hardis trousseurs de chroniques, pas
un n'ose dire sur l'homme qui vient de mourir tout
ce qu'il sait de cet homme. Or, ce sont précisément
les parties de sa vie que, par une discrétion de commande, on aura voilées avec le plus de soin qui
presque toujours auront eu l'action la plus décisive
sur la formation, le développement, l'exercice ou les
altérations de son talent; ce sont celles-là mêmes
qu'on ne divulgue point qu'il nous intéresserait le
plus de connaître pour les faire concourir à l'histoire

analytique de son œuvre. Notre état social ne comporte pas la franchise sans réserve d'un Plutarque; la grande publicité ne permet plus, comme au siècle passé, l'absolue sincérité des *Nouvelles à la main* et des *Correspondances*. Que nous soyons ou non de bonne foi, quoique nous fassions, par notre silence — nécessaire en de certains cas — autant que par notre ignorance et nos erreurs, nous arrivons au même regrettable résultat : n'éclairer que d'une façon très incomplète l'opinion de la postérité sur nos grands artistes.

Sans doute, il en est parmi eux dont le génie simple, clair, limpide, n'exige aucun effort de pénétration pour être compris. Considérez, aux deux pôles opposés du talent, Ingres et ses recherches de style, Barye et ses réalisations de la force animale, l'un peintre, l'autre sculpteur; l'œuvre de chacun d'eux s'explique de soi et dans les jugements de l'avenir ne souffrira jamais des dissimulations inconscientes ou volontaires apportées par les témoins de leur existence dans le récit de leur existence même. Là, nul doute, nul trouble, nulle incertitude, nulle trace de passion; rien n'y paraît des émotions ou des sentiments de l'homme; l'artiste toujours lucide s'y montre seul, maître de sa main, maître de son œuvre. Leur art, dans ses conceptions et dans ses formes, se désintéresse des fluctuations de leur fortune et de l'action de leur destin.

Il n'en est pas de même du statuaire dont le nom est inscrit en tête de ces pages. Sa vie connue et sa vie intérieure, plus mystérieuse, sont étroitement liées aux créations de son cerveau. Dans le bronze et le marbre on en retrouverait les accidents comme dans les moindres terres que pétrit sa main passionnée. La grandeur de son œuvre en est doublée, les rares défaillances atténuées.

Au moment où nous avancions dans les boues automnales des chemins qui conduisent au cimetière de Courbevoie, je me dis que j'essayerais un jour de fixer ce que je savais de Carpeaux. L'heure est venue de le faire.

En effet, par une coupable ingratitude du pays envers ses morts glorieux, on n'a songé que tardivement à présenter l'œuvre de Barye à l'Exposition universelle de 1878, et celui de Carpeaux a été oublié par la classe des beaux-arts. Des reproductions de ses ouvrages figuraient, il est vrai, dans les classes du bronze et de la terre cuite, où elles étaient dispersées et présentées sous un aspect commercial. Sans insister sur les déformations et les infidélités de toute sorte que les modèles originaux subissent en ces reproductions et contre lesquelles Carpeaux mourant protestait avec énergie par un document au-

thentique, il est douloureux de constater en quelle
ombre officiellement on a laissé tomber la mémoire
du grand artiste.

Dans la mesure de notre action, ne laissons
pas un injuste silence s'établir autour de ce nom
de CARPEAUX qui mérite d'occuper une des pages
les plus glorieuses dans l'histoire de l'art français.

PREMIÈRE PARTIE

LA VIE ET L'ŒUVRE

DE J.-B. CARPEAUX

LA VIE ET L'OEUVRE

DE

J.-B. CARPEAUX

I

1827-1837

LA NAISSANCE. — LES ORIGINES. — LA VOCATION.

« EXTRAIT D'UN REGISTRE AUX ACTES DE L'ÉTAT CIVIL DE LA VILLE DE VALENCIENNES POUR L'ANNÉE 1827 DÉPOSÉ AU GREFFE DU TRIBUNAL CIVIL DE LADITE VILLE.

« L'an mil huit cent vingt-sept, le quatorze mai, à deux heures de relevée, par-devant nous Martin-Antoine Dinaux, adjoint au maire, et par délégation spéciale officier de l'état civil de la ville de Valenciennes, département du Nord, et chevalier de l'ordre royal de la Légion d'honneur, est comparu le sieur *Joseph Carpeaux,* âgé de vingt-sept ans deux mois, maçon, né et domicilié en cette ville, lequel nous a présenté un enfant du sexe masculin, né le onze de ce mois, à cinq heures de relevée, en la maison sise rue Royale, n° 38, section de l'Est, de lui déclarant et de *Adèle Wargny*, âgée de vingt-sept ans, native de cette ville, son épouse, et auquel il a déclaré vouloir donner les prénoms de *Jean-Baptiste*. Lesdites présentations et déclarations faites en présence des sieurs Eugène Ego, âgé de trente-six ans, manouvrier, et Fidèle-Nicolas-Jacques-Marie-Anastase Manach, âgé de trente ans, employé au greffe du tribunal civil séant en cette ville, tous deux y domiciliés et non parents de l'enfant. Et ont le père et le second témoin signé avec nous le présent acte de naissance après lecture, le premier témoin ayant déclaré ne le savoir de ce interpellé.

« Signé : *Carpeaux ; F. Manach* et *Dinaux.*

« Pour extrait conforme délivré par le greffier du tribunal civil.

« Signé : *Malicorne.* »

Jean-Baptiste Carpeaux est donc né dans le nord de la France, dans cette Flandre française qui est une des riches pépinières où se renouvelle sans relâche le personnel de notre art national, à Valenciennes, patrie de Watteau. Rappeler cette origine, ce n'est pas seulement relever un acte banal de l'état civil ; les esprits curieux de certains rapprochements ethniques sauront y voir un élément de comparaison entre les formes préférées du talent de l'artiste et le caractère essentiel du génie flamand. La parenté est sensible ; nous aurons mainte occasion de l'établir.

Le père de Carpeaux était maçon, chargé d'enfants, aux prises avec une extrême pauvreté. Ces faits aussi ont de l'intérêt pour le moraliste. Si mal accueilli par la fortune à sa naissance, Carpeaux sentit jusqu'au dernier jour peser sur sa destinée le poids cruel de cette fatalité première.

Il ne reçut aucune instruction, apprit tout juste à lire, écrire et compter à l'école des Frères, où il n'acquit même pas l'orthographe. Son éducation fut celle qu'il pouvait trouver dans le cercle social où il était élevé. Né du peuple, il en conserva les usages et les goûts comme une empreinte indélébile. Déjà célèbre et depuis longtemps sorti, affranchi de son premier milieu, il aimait toujours le gros pain, le fromage d'Italie et le vinpiqué, n'avait nul souci de sa personne, par contre ambitionnait les décorations, les distinctions, les fonctions, les titres, les honneurs et portait le bijou voyant.

A de telles lacunes d'éducation et d'instruction qui sont graves dans la société moderne, il put suppléer, au moins en grande partie, dans son art par sa belle intelligence, par l'élévation de son caractère et sa noblesse de cœur. Mais dans la pratique du « monde », qu'il recherchait avec la passion d'un « parvenu », il ne réussit point à les masquer assez pour n'en pas souffrir et faire souffrir ceux qui l'aimaient. Car on l'aimait, cet homme d'élection, si bon, si dévoué, si indulgent, si généreux, si charitable; on aimait cet artiste entre tous désintéressé, épris de son art au point de lui sacrifier tout, « glorieux » dans l'acception critique du mot, mais glorieux par amour pur de la vraie gloire, vaniteux par un excessif sentiment de la déférence due au talent, exigeant le respect non pour lui, Jean-Baptiste Carpeaux. mais pour lui, statuaire; au fond très modeste et sincère en sa modestie, quand il se comparait aux maîtres, très hautain quand il se comparait, petit-fils des maîtres, à la puissance de ce temps, l'argent; plein cependant de réelle et profonde et naïve vénération pour les grandes forces intellectuelles, politiques et religieuses de son temps, Victor Hugo, Napoléon, Pie IX.

Je considère d'autre part, en revenant à ses origines, que le contact familier de sa première jeunesse avec les instruments du labeur paternel lui donna la force musculaire, la rude vaillance de la main qu'exige la manœuvre de la statuaire monumentale. Aux doigts de l'enfant qui s'étaient couverts de calus à manier le lourd marteau des carriers, le maillet du sculpteur parut léger. De telles préparations ne sont pas indifférentes dans l'existence d'un artiste. Elles expliquent comment parmi les arts du dessin Carpeaux ne balança pas un moment à choisir la sculpture. La dureté et les grossièretés du métier qui font hésiter, reculer même certaines natures à l'épiderme sensible n'existaient pas pour ce robuste ouvrier.

Le matériel du statuaire est, comme celui de l'écrivain,—et plus encore,—particulièrement ingrat.

Est-il rien de plus triste que ce perpétuel commerce
du regard avec le gris lugubre de la terre glaise ou
bien avec le deuil permanent du papier blanc noirci
d'encre. Pour le peintre et pour le musicien, for-
muler la pensée, l'idée longuement portée par le cerveau, cela sans doute exige un effort, et l'effort coûte
toujours à notre humaine nature; ce n'est jamais
sans quelque déchirement, en effet, que nous pas-
sons des voluptés du rêve et de la conception aux
énergies actives de l'action et de l'enfantement.
Mais la première résistance de la machine une fois
vaincue, le travail de la palette et celui du clavier,
en leur égale harmonie qui prend une forme immé-
diate, deviennent une fête pour les sens de l'artiste
créateur. Il faut un bien autre héroïsme au statuaire.

Quelle vie! Tout entière passée dans ces glacières
d'ateliers au rez-de-chaussée des faubourgs, éclairés
par le jour du nord si avare et qui tombe de haut
sur de longues rangées de plâtres plus ou moins
façonnés ou écornés, noirs de mille poussières faisant toison, irrégulièrement alignés sur de larges
tablettes scellées aux murs. Au milieu, dans un en-
combrement de selles à modeler, d'échafauds, d'é-
chelles, d'escabeaux, de baquets pleins d'eau, de
barres de fer destinées aux puissantes armatures, de
maillets, de marteaux, de ciseaux, de râpes, de limes,
de gouges, d'ébauchoirs en fer et d'ébauchoirs en
bois, d'outils de toute forme, se tasse un bloc de terre
froide, à demi enveloppé de linges mouillés, dont il

faut sans relâche entretenir l'humidité qui s'évapore en rhumatismes; ou bien une masse de pierre, ou bien encore quelque cube de marbre, tantôt élimé en poudre subtile, tantôt volant en éclats sous le fer grinçant des praticiens. Dans quelque coin, en toute saison, un poêle de fonte chauffé à blanc, en vain. Là, tout est morne, tout est gris, tout est triste; on ne trouve pas le moindre régal pour les yeux, pas une note de couleur, pas un rayon de soleil. Ce serait un métier de tailleur de pierres, si ce métier n'était un art.

Il exige d'irrésistibes vocations. On n'y compte point les heures douloureuses, tant elles s'y multiplient. Ces heures ne sont pas seulement celles où le maître modèle la Beauté dans l'argile humide, cette matière résistante, froide et terne.

La terre achevée, la Beauté à peine née, à peine entrevue, le statuaire a-t-il au moins la pleine récompense de son patient labeur? Non pas. Le supplice commence. L'œuvre, cette chrysalide, doit traverser un second état, douloureux, obscur, une seconde prison étroite, écrasante : le plâtre, gaine lourde, opaque, compacte, qui, blanche, manque de lumière. Il faut ensevelir la vie dans ce suaire. Que d'angoisses pour l'artiste dont la souveraine invention, destinée aux transparences neigeuses du marbre ou bien à l'éclat du bronze, divin métal, traverse ainsi, souvent méconnue, ces lentes transformations, ces évolutions, ces faux semblants qui ne sont que l'épaisse et pesante grimace de l'idéal rêvé; épreuve toujours inquiétante, sorte d'état cataleptique d'où tant de dieux et de demi-dieux ne sont jamais sortis que pour être jetés en tessons à la borne honteuse ou menés aux carrières de Clamart!

Ce qui soutient le statuaire dans cette lutte contre la matière, c'est que rarement il perd de vue le résultat poursuivi. Sous les opacités de l'argile et du plâtre, il ne voit que la transfiguration finale, le jour glorieux de la résurrection dans le paros et l'airain.

A tant d'heures cruelles, inquiètes, traversées de fièvre, d'abattement, d'espoirs déçus, de malédictions contre les hommes, contre le destin, succède enfin l'heure radieuse où l'œuvre a pris pour l'éternité son vêtement de lumière, bronze ou marbre. Là se trouve la trop juste compensation à ces atermoiements infinis. En effet, l'œuvre du peintre rencontre des limites dans le temps; celle du statuaire, non.

Il n'y a pas ici de banalité à le redire : la sculpture est vraiment une des plus nobles manifestations de l'intelligence et de l'âme humaines. Arriver à cette fin que de la chose inerte et brute (brute dans tous les sens), de la chose aveugle, sourde et muette, sans vie intérieure, un Phidias, un Michel-Ange, un Carpeaux, un homme après tout, fasse sortir un monde de sensations et de pensées; d'un bloc de pierre, un type de parfaite beauté, n'est-ce pas un témoignage de la divinité de notre essence? Le vic-

torieux élément qui nous rend les maîtres du limon,
c'est l'esprit, le souffle, l'étincelle sacrée, une force
supérieure, sublime, divine. Qu'on la nomme ceci
ou cela, cette puissance haute, il importe peu ; c'est
l'âme, c'est l'immortelle Psyché qui domine la brutale résistance des phénomènes extérieurs, qui
dompte la constante hostilité du milieu où nous vi-
vons, qui, semblable à Dieu, d'une informe agréga-
tion de molécules, c'est-à-dire de rien, fait quelque
chose, l'œuvre d'art, la statue.

II

1837-1843

Faire des statues : Carpeaux enfant n'avait pas d'autre rêve.

Sans doute le sens du dessin — cette expression conventionnelle des formes extérieures — ne lui était pas étranger, il l'a bien prouvé depuis, car jamais statuaire n'a dessiné autant que lui; mais ce qui déjà sollicitait de préférence sa vive et juvénile curiosité, c'était le relief, la forme réelle sous ses trois dimensions : largeur, hauteur, épaisseur, la forme modelée.

Après avoir traversé l'école d'architecture de Valenciennes, où il apprit les éléments, il vint à Paris et suivit les cours de l'École royale et spéciale de dessin et de mathématiques alors dirigée par un artiste d'une rare intelligence, contemporain

et ami de Géricault, le très respecté M. Belloc. En
ce nouveau centre d'études qu'on appelait familiè-
rement « la petite école » pour la distinguer de
« l'École » ou École des beaux-arts vers laquelle la
plupart des enfants avaient les yeux tournés, il fut
tout d'abord placé dans la classe d'architecture. Son
père avait eu probablement cette pensée toute naturelle d'élever son fils dans l'art qu'il connaissait
pour y avoir été manœuvre. Mais, sous l'empire de
son idée fixe, l'enfant par les portes entr'ouvertes
guettait le travail des classes de modelage. Sa volonté ardente, opiniâtre, était de faire, lui aussi, ce
que de loin et à la dérobée il voyait faire par les
élèves sculpteurs. Il y réussit enfin, et c'est comme
sculpteur qu'il traversa les cours de dessin, du troisième au premier degré, pendant les années 1842,
1843 et 1844. Ses condisciples et ses émules étaient
MM. Veyrassat, devenu peintre-graveur. A. Gilbert,
l'excellent peintre-graveur et lithographe, Galbrun-
ner, le graveur sur pierres fines, les statuaires Iguel,
Cugnot, Chapu, les architectes Davioud et Charles
Garnier. Souvent ils distancèrent Carpeaux dans les
concours, excepté dans celui du modelé d'après la
plante vivante où il emporta toujours les plus hautes
récompenses.

Dès la première année de son séjour à Paris, im-
patient de jouer sa partie dans un véritable atelier
d'artiste, il se présenta chez l'un de ses compatriotes
qui était aussi son parent, le statuaire Henri Lemaire,

l'auteur du fronton de la Madeleine. Il entre et, découvrant une tête qu'il avait modelée sur le trottoir, dit : « Voilà ce que j'ai appris. » M. Lemaire, se retournant sans même regarder l'œuvre, haussa les épaules en murmurant : « Il est trop petit, on n'en fera jamais qu'un appareilleur. » Quoiqu'il fût dans sa quinzième année, Carpeaux était en effet malingre, chétif et le plus petit des élèves de la petite école. Néanmoins il avait la langue déliée, la réplique alerte ; il riposta : « Vous êtes maréchal dans votre art, Monsieur, mais qui vous dit que je n'y serai pas prince ? » et il sortit.

A l'école, dans l'intervalle des classes, il ne perdait pas son temps. Se soumettant à une gymnastique particulière de l'esprit et de la main, tous les jours il s'exerçait à faire une esquisse nouvelle dans le moins de temps possible, d'après un parent, un ami, le premier venu qui consentait à lui donner une heure de pose. Il s'exerçait aussi à modeler les yeux bandés. « C'est le seul moyen de comprendre la forme », disait-il en me racontant plus tard ces premières années de son éducation artistique. Et c'est ce qui justifie le mot qu'on attribue à David (d'Angers) : « Vous pouvez couper la tête à Carpeaux, ses mains continueront à modeler l'argile. » Il lisait assidûment, comblant de son mieux les lacunes de son éducation. Ses livres favoris étaient le beau travail d'Émeric David, *Recherches sur l'art statuaire*, et le volume *Musique, Dessin et Peinture* de la méthode Ja-

cotot, car il était « jacotiste ». — Que cela est loin
et maintenant oublié !

Son initiateur à la « méthode » avait été un jeune
homme de Valenciennes, Victor Liet, peintre, sculpteur, écrivain, cœur chaud, esprit enthousiaste, qui
mourut en 1847, âgé de trente et quelques années.
Liet exerça une puissante influence sur son jeune
ami ; c'est lui qui l'a émancipé des routines et a pour
ainsi dire accouché son génie [1]. Le principe fon-
damental de l'esthétique de Jacotot repose sur « l'u-
nité de sentiment ». Dans cet esprit, Carpeaux composa en bas-relief un motif biblique, *Joseph retrouvant
la coupe de Benjamin,* et son travail achevé le porta
chez Rude, l'auteur de l'admirable *Départ pour la fron-
tière* de l'Arc de Triomphe.

[1]. Le 10 juin 1852, Carpeaux écrivait à son ami le peintre Chérier
à Valenciennes une lettre d'où j'extrais le passage suivant, qui témoigne
du tendre souvenir qu'il avait gardé du guide de sa jeunesse.

« ... Maintenant je viens te prier d'écouter ce qui va suivre et
de te joindre à Foucart et à moi pour un devoir que je regarde comme
sacré ; je suis certain que tu t'empresseras de remplir un mouvement
de cœur sans hésiter, surtout quand il s'agit de l'ami Victor à qui tu
dois un mémorable souvenir. Voici ce que j'ai à te communiquer.
Étant allé hier au cimetière déposer une couronne sur sa tombe isolée,
je me suis aperçu qu'on abattait les tombes voisines. Je me suis aussitôt enquis de ce qui reste de temps pour la conservation des fosses
communes ; on m'a répondu qu'il ne reste plus que quatre jours pour
faire exhumer le corps de notre cher Victor.

« Je viens te prier de m'envoyer aussitôt ta part que je te prie de
m'envoyer tout de suite. Voici ce que coûtent l'achat du terrain et
l'exhumation du corps, tout compris : 63 francs. Cette somme n'est
pas assez considérable pour te refuser de remplir un devoir dû à l'a-
mitié qui remplit nos cœurs et ne doit cesser qu'avec nous... »

Rude était absent. A son retour, quand il vit le bas-relief et s'informa, on lui dit qu'il était l'œuvre d'un « moutard de quatorze ans ». — Apparemment l'enfant restait toujours petit. — Le grand artiste voulut le connaître et lui ouvrit aussitôt son atelier. Carpeaux y resta pendant huit mois seulement. Mais il conserva et professa toute sa vie le plus grand respect pour son premier maître.

De Rude il apprit la construction savante, sévère, impeccable de la machine humaine; il prit l'habitude, devenue constante chez lui, d'introduire l'expression d'une personnalité individuelle dans la présentation des types généraux. Par cette recherche il échappa toujours à la banalité des poncifs d'académie. Aussi son regard si vif était-il toujours en éveil, observant sans relâche dans le va-et-vient de la vie de chaque jour les gestes, les attitudes, la physionomie du mouvement, de l'effort, du travail, du repos, de la marche, s'ouvrant ainsi la voie des maîtres par l'étude incessante, passionnée des types réels fournis par la réalité, par la nature, en dehors de toute convention d'école.

III

1843-1851

SCULPTURE DE COMMERCE.
SÉJOUR ET TRAVAUX DANS LE NORD. — RUDE ET DURET.
PREMIER SUCCÈS. — LE CHANTEUR BATAILLE.

De quinze à vingt ans, la vie de Carpeaux fut une
bataille sans trève pour le pain de chaque jour auquel venaient mordre, quand il en avait, d'autres dents
que les siennes, de formidables mâchoires toujours
aiguisées. Il traversa de longs mois d'abandon complet, d'isolement absolu, de misère sans nom, de
maladie où tout lui manquait. Pour manger, lui si
chétif, il se fit porteur aux halles, préparant en ses
meilleurs jours d'alors une marmite de pommes de
terre qui devait suffire à son alimentation de la semaine et qu'il lui arriva de retrouver vidée, nettoyée,
rincée à fond par des appétits voraces, insatiables,
impudents, qui s'abattaient sur sa pâture de réserve
comme des oiseaux de proie; il n'avait pas le droit

de les repousser. Dans cette détresse, en ce dénuement, le pauvre enfant avait dû cesser toute étude.
Un jour pourtant, de moins sombre infortune, il modela un groupe, *Deux chèvres mordant à une grappe
de raisin*, et le colporta dans le quartier du bronze,
au Marais. Péniblement il en trouva quinze francs.
Quinze francs et deux pains de huit livres, c'est, vers
le même temps, ce que lui furent payés deux modèles de vases, auxquels le fabricant de porcelaine
qui les acheta reprochait d'être trop soignés, trop
achevés et d'exiger en conséquence des frais particuliers de moulage.

Dans le monde de ces industries spéciales, on
prend rapidement la mesure des artistes ; Carpeaux
enfin put vivre en mettant son talent au service des
bronziers, orfèvres et porcelainiers, et dès lors re-
tourna assidûment aux classes du soir de la petite
école. Il fut appointé d'abord à deux francs par jour,
chez un petit bronzier dont la femme modelait des
crucifix avec une habileté remarquable. Chez ces
braves gens, et pour les besoins de leur industrie, il
poursuivit l'étude des animaux. Il disait avoir beaucoup appris à vivre auprès d'eux, parce qu'il y avait
beaucoup travaillé ; il y avait appris surtout la sage
distribution du temps et que l'on peut accomplir de
grandes besognes par un patient labeur. Michel
Aaron l'occupa ensuite en lui faisant copier et agran-
dir d'aimables figurines de Carrier-Belleuse.

Tout ce qu'il gagnait à ce métier de manœuvre

était au jour le jour dévoré par les estomacs d'autruche qui l'entouraient et s'étaient fait une douce habitude de tordre, broyer et digérer bronzes, bijoux, faïences, biscuits de porcelaine, pâtes dures et pâtes tendres. Au prix de quels sacrifices, de quels engagements onéreux il réussit à rejeter tous ces pillards altérés et affamés à quelques milliers de lieues de Paris, qui le dira jamais? Ces engagements, il les prit; ces sacrifices, il les fit d'un cœur joyeux. Il était résolu, coûte que coûte, à travailler pour lui après avoir si longtemps travaillé pour autrui, après avoir pendant sept ans livré sa santé, son corps, son cœur, son cerveau, son ambition, son art à la morsure goulue de sangsues insatiables. « Je me sentais condamné à rester l'ouvrier de mon art, à n'en être jamais l'artiste, me dit-il un jour qu'il évoquait tous ces souvenirs à mon foyer. Il fallait en finir et mettre à profit mes dernières années de jeunesse et d'étude. »

Épuisé de forces et d'argent, mais libre enfin, il trouva l'hospitalité d'une honorable famille de Valenciennes, famille d'artistes qui lui donna dès lors et jusqu'à son dernier souffle les témoignages constants du plus tendre dévouement. Pendant ce séjour dans sa ville natale (1848), il exécuta pour un avocat, M. J.-B. Foucart, une grande frise en bas-relief, composition d'une trentaine de figures représentant la *Sainte-Alliance des peuples*, et au-dessus, en collaboration avec son digne et parfait ami le

peintre Chérier, sur les parois mêmes de l'apparte-
ment, une série de peintures dont ils empruntaient
les motifs aux chansons de Béranger [1].

1. Je reçois au sujet de ce bas-relief une lettre de M. J.-B. Foucart
qui a bien voulu aussi nous communiquer une photographie de cette
œuvre absolument inconnue. La lettre est très intéressante et nous
apporte sur la préparation de Carpeaux des renseignements précieux.
En voici les passages essentiels :

« Notre ami Bruno Chérier, qui travaillait chez moi en même temps
que Carpeaux, vous a certainement renseigné sur les conditions dans
lesquelles celui-ci a exécuté ce bas-relief et sur la période de son éducation artistique dont cette œuvre est la meilleure manifestation.

« Aux débuts de Carpeaux, la préoccupation de Liet et la mienne
avaient été de lui faire considérer comme indissolublement unis le
métier de son art et l'art de son métier, en lui donnant l'habitude de
tout contempler, de tout concevoir et de tout traduire, — depuis les
masses et les détails que lui présentaient au hasard et à chaque pas la
nature et la vie sociale, jusqu'aux ensembles que lui offraient tout
coordonnés soit les œuvres des poètes, soit les récits de l'histoire ou
de la légende, — d'après un principe régulateur : celui de la prédomi- .
nance d'un sentiment.

« Bien vite, par là, non seulement les pratiques matérielles du
dessin et de la sculpture lui étaient devenues familières, mais, une fois
en possession des moyens techniques de reproduction, il s'était astreint
à ne jamais être complètement passif, à ne rien regarder et à ne rien
lire vaguement, à saisir toutes les choses et tous les êtres tant dans les
caractères généraux qui les identifiaient à ce qu'il connaissait déjà, que
dans les caractères propres qui les en distinguaient, à dessiner tout ce
qu'il rencontrait et même à le sculpter de l'œil et du cerveau quand il
n'avait pas d'outil matériel sous la main, et, toutes les fois que cela
lui était possible, fût-ce dans la rue, à l'écrire sur un petit album qu'il
devait toujours avoir en poche pour y noter êtres ou scènes, tantôt au
moment même où il les avait sous le regard, tantôt en les contemplant
dans ses souvenirs, mais toujours en faisant converger vers l'expression
d'un sentiment prédominant les impressions multiples qui s'en déga-
geaient pour lui.

« Chacun de ces dessins devait donc être, en même temps, une

Dans un précédent voyage (1843), il avait composé deux frontons qui furent sculptés en bois pour la maison de M. Hollande, rue Famars, et, en 1844,

œuvre ayant sa vie propre et un élément pour quelque œuvre ultérieure possible dont, à l'occasion, dans ses conversations, il nous indiquait le sujet et le sentiment inspirateur, ainsi que les éléments spéciaux et leur disposition, d'après la direction dans laquelle il avait regardé et grâce à laquelle il avait tout vu, dans laquelle aussi, en faisant servir chaque détail à une expression plus complète de son impression dominante, il devait amener le spectateur à se placer pour tout bien voir en regardant à son tour.

« Ce principe, qui faisait de lui un enthousiaste logique ayant à son service un habile ouvrier, lui a servi de guide au milieu des détails qu'il a prodigués dans la *Sainte Alliance des Peuples*. Il savait par cœur la chanson de Béranger, dont le premier couplet lui avait à la fois donné la **Paix** descendant sur la terre, qui forme le centre de sa composition, et Bonaparte tombé sur un canon, qui en est comme la base.

> J'ai vu la Paix descendre sur la terre,
> Semant de l'or, des fleurs et des épis ;
> L'air était calme, et du dieu de la guerre
> Elle étouffait les foudres assoupis.
> « Ah ! disait-elle, égaux par la vaillance,
> Français, Anglais, Belge, Russe ou Germain,
> Peuples, formez une sainte alliance,
> Et donnez-vous la main. »

« Les autres couplets lui ont donné le développement de l'antithèse entre la paix et la guerre que résumait déjà cette partie maitresse, et il vous suffira de relire les vers du chansonnier pour reconnaitre, parmi les indications nécessairement vagues que trouvait le sculpteur sous la forme lyrique qu'avait d'abord revêtue la conception, quelles sont celles qu'il a tirées d'une formule purement abstraite ou d'une métaphore sans précision pour les incarner dans les éléments réels qu'il avait choisis et qu'il a fait converger vers un effet unique.

« C'est à ce titre surtout que l'œuvre est intéressante ; elle donne la clef du mode d'invention de Carpeaux, soit dans un groupe comme celui d'*Ugolin*, soit dans un simple portrait, car, quoi qu'il fît, il était toujours et devenait de plus en plus, comme homme de métier, un anatomiste connaissant admirablement *les dessous* et sachant les faire deviner sous

les statues en plâtre des quatre Docteurs de la loi,
saint Ambroise, saint Jérôme, saint Grégoire et saint
Augustin pour l'église de Monchy-le-Preux (Pas-de-
Calais), où ces plâtres sont encore. L'année suivante, par l'influence de M. Beauvois, notaire à
Valenciennes et conseiller général, il obtint du département du Nord une pension de six cents francs
qui lui permit de venir reprendre ses études à Paris.
Il rentra dans l'atelier de Rude et prit part aux
concours de l'École des beaux-arts, où il avait déjà
remporté une première médaille de figure modelée
d'après nature (1847). Mais ce n'est un mystère pour
personne que le vieux maître n'exerçait aucune action, n'avait aucun crédit auprès de ses collègues
de l'Institut ; c'était une note défavorable pour les
aspirants au prix de Rome que d'appartenir à son
enseignement. « Allez chez Duret, dit Rude, il ne
vous apprendra rien, mais vous sera utile pour arriver
au grand prix. » Tout d'abord Duret, jaloux de Rude,
jaloux de ses propres élèves, ne voulait pas admettre
parmi ces derniers Carpeaux, qui avait le tort d'avoir
obtenu déjà de premiers succès, dont l'honneur revenait à l'atelier rival. Il céda pourtant, et huit jours
ne s'étaient pas écoulés qu'il avait pris son nouvel
élève en grande amitié, en faisait son confident et
même son collaborateur.

l'épiderme, et, comme artiste, une force émue en même temps qu'une
volonté consciente de son but, ainsi que des limites et de la portée de
ses moyens d'action, et subordonnant tout à une unité de sentiment. »

Quoi qu'en pensât Rude, Carpeaux apprit quelque
chose de Duret. C'est à Duret qu'il doit, il me l'a dit,
certains caractères constants de son talent, la belle
tournure des masses, la clarté de l'ensemble, d'une
part, et aussi la pantomime expressive dans les motifs
simples, s'élevant à la pompe, parfois même jusqu'à
l'aspect théâtral dans les motifs apprêtés et compli-
qués.

Duret le fit participer à l'exécution des travaux
décoratifs dont il avait été chargé dans la restaura-
tion de la salle des *Sept Cheminées* au Louvre (salon
carré de l'école française.) Au terme de l'œuvre, ils
se séparèrent. Carpeaux, qui sans souci des personnes a toute sa vie conservé son franc parler dans
les questions d'art, n'avait pas ménagé ni suffisam-
ment mesuré les critiques sur les dernières compositions de son maître. Dans l'intervalle, monté en
loge pour le concours du grand prix dont le sujet
était *Achille blessé au talon par la flèche de Paris*, il fut
classé le troisième et obtint une mention honorable.

A ce sujet il écrit, le 7 octobre 1850, à M. Chérier
une longue lettre où il lui rend compte de la façon la
plus minutieuse des envois de Rome de MM. Cabanel,
Barrias, des deux Benouville qui intéressaient son
ami, peintre lui-même, et de la séance de l'Académie des beaux-arts, séance où il tient pour la première fois sa place. Cette lettre naïve, avec le récit
de l'épisode qui la termine, révèle les côtés enthousiastes et gais alors de sa nature :

J'ai reçu ma mention samedi dernier, 5 de ce mois. La cérémonie fut belle comme à l'ordinaire, le monde refoulé de tous côtés.
Cette séance ne laisse pas de faire un certain effet et de monter l'imagination d'un jeune artiste. Je ne pourrais te dire combien j'étais
agité. J'étais au milieu de la salle. A notre entrée dans l'enceinte, de
nombreux applaudissements nous ont salués, et chaque spectateur se
disait : Voici un tel, voilà tel autre. Tous les yeux étaient tournés
vers nous; je n'osais tourner la tête, car les femmes les plus distinguées nous dévisageaient. Ah! mon cher, combien on est payé de
ses peines dans cet instant! Voilà le beau côté de la vie de l'artiste,
c'est qu'un jour on est dédommagé de toutes ses privations, on oublie
les peines qu'on a éprouvées, pour une couronne que le public vous
accorde.

Mon cher ami, il y en a une pour toi comme pour les autres.
La gloire ne les donne pas sans qu'on les ait méritées; viens donc
chercher la tienne le plus tôt possible.

Il faut te dire, mon cher ami, que le jour où j'ai reçu ma mention, j'ai reçu aussi une invitation de monsieur D..., sténographe,
pour assister à une soirée qu'il donnait. Cela ne me fit pas de déplaisir, car j'étais costumé de façon à pouvoir figurer dans un salon.
Figure-toi, mon vieux, combien le hasard m'a favorisé : je me suis
adressé à mon concierge pour savoir où je pourrais me procurer un
costume; aussitôt il m'offrit ses habits de noce, qui lui ont servi il y
a un an ; aussi, mon cher, si tu m'avais vu, tu ne m'aurais pas reconnu : habit noir qui prenait ma fine taille, pantalon qui recouvrait
gracieusement mes souliers vernis sur lesquels j'avais passé trois
couches de vernis breveté, gilet blanc de piqué, cravate blanche d'une
soie superfine, gants blancs premier numéro, chemise et col bien
ajustés. Ah! mon cher, je n'étais plus le même homme! Avec cela,
je pris ma tournure des dimanches, marchant sur la pointe des pieds
et le chapeau sur la hanche en faisant le trajet de chez moi à l'Institut; j'étais honteux des regards des passants; je donnais le bras à
un camarade qui en était tout ébaubi.

Tu comprends qu'étant ficelé comme cela, je pouvais sans crainte
aller en soirée. J'ai entendu une musique délicieuse. Le piano
était tenu par des artistes très distingués; Mlle D... s'est fait en-

tendre tantôt par une valse, polka, quadrille, romance, etc. Il y avait aussi dans cette réunion de jeunes élèves de Saint-Denis avec lesquelles j'ai été forcé de danser, je dis forcé parce que je n'osais me faire remarquer. Tu connais mes entrechats, il fallait dissimuler, car dans les salons *on ne lève pas la jambe*. Dans une salle voisine une table garnie de pâtisseries nous attendait avec le thé. Ces dames se mirent à table, je crus les imiter, lorsque je m'aperçus que les pékins restaient derrière ; je me croisai les bras en les regardant se régaler. Et quand elles en eurent assez, elles vinrent nous offrir leurs débris ; quel ridicule ! mais c'est la mode. C'est égal, j'ai goûté des mets délicieux présentés par la main des Grâces, et je profitai de cette circonstance pour inviter Mlle D... à danser. Ah, mon cher, quelle fille, une tête adorable, une conversation délicieuse, des manières distinguées, en un mot une créature parfaite ! Une femme comme cela est capable de vous faire tourner la tête ; enfin, mon cher, j'en suis encore tout ému quand j'y pense. Il était deux heures du matin quand je sortis de ce paradis.

Je me remets aux études avec une nouvelle ardeur, et cette année sera pour moi bien décisive, j'en suis presque certain. La triste fin de notre ami Roguet donne une place à Rome, je vais faire tous mes efforts pour le remplacer et marcher dans la voie que le brave garçon s'était tracée. Au reste, je suis à la même école que lui, élève du même maître ; il ne me manque que son énergie, qu'il ne devait qu'à son tempérament. Ma volonté et ma persévérance remplaceront la force physique que la nature m'a retirée.

Vers le même temps, Carpeaux fit une statuette du chanteur Bataille dans le rôle du *Cherrier* du *Val d'Andorre*. Il était encore auprès de Duret. Quand il lui soumit son œuvre — c'était en hiver, il n'y avait pas de feu dans l'atelier. — Duret la critiqua vivement. Carpeaux ne dit mot, sort lestement, va chez le charbonnier voisin, en rapporte du bois et du charbon, garnit le poêle, l'allume, et quand la chaleur a ramené le sourire sur les lèvres de Duret, Carpeaux sollicite un nouvel examen et le maître réjoui lui dit : « Mais c'est fait... C'est fait, ça. » Rassuré, le statuaire va trouver le chanteur et lui présente son travail. Bataille fut ravi, se montra charmant, fit le meilleur accueil à Carpeaux, l'invita à partager son déjeuner et au dessert lui offrit vingt - cinq francs. Désolé, l'artiste refusa. Il avait espéré que le chanteur ferait éditer la statuette.

En 1851, Carpeaux fut nommé répétiteur à la petite école aux appointements de seize francs par mois. Enseigner est toujours une occasion d'apprendre. Chargé du cours d'anatomie, il préparait ses leçons chez lui, dans la nuit, étendu à plat ventre sur le parquet qu'il couvrait d'innombrables figures à la craie, et le lendemain en retraçait tous les motifs au tableau noir, en classe même, sous les yeux des élèves. Exprimant sa pensée simultanément par la parole et par le tracé à main levée, il leur rendait compte des fonctions esthétiques propres à chacun des organes dont se compose le corps humain.

On sait que parmi les classes de la petite école il en est une spécialement réservée au dessin des animaux. A cette occasion il fit une étude attentive des diverses races, observant en chacune d'elles les conditions du mouvement, analysant avec méthode les différences de forme par lesquelles s'accusent la grâce ou la force des espèces et des sexes.

Jusqu'à la fin de sa carrière, il ne cessa d'attacher une grande importance à l'étude des animaux. Le 17 août 1874 il écrivait de Puys à Mlle Foivart :

Ah ! si je n'étais pas enchaîné par cette affreuse maladie, comme je vous montrerais la manière de suivre une œuvre et de l'amener à bonne fin. Je me révolte de me voir comme cela. Vous avez raison d'observer les animaux, mais dans cette étude comme dans celle de l'homme il faut chercher l'allure, le mouvement particulier à chaque espèce. Après les observations bien prises, il faut étudier bien vite la construction de chaque animal, c'est-à-dire l'ostéologie. Cette étude facilitera vos moyens de rendre vos impressions et vous fera atteindre une perfection dont vous ne vous doutez pas.

IV

1851-1853

L'ÉCOLE DES BEAUX-ARTS. — LA *MISE EN LIBERTÉ*
D'ABD-EL-KADER. — ODYSSÉE DE CE BAS-RELIEF.

Prenant part à tous les concours de l'École des
Beaux-Arts, Carpeaux montait en loge le cinquième
en 1848, — le troisième en 1849, — remportait une
mention, en 1850, et une deuxième médaille au concours d'esquisse, — en 1851, une médaille pour la
figure modelée et rentrait en loge avec le numéro 3, — en 1852, une mention au concours de la
tête d'expression dont le motif était l'*Attention,* sujet
périlleux. Par la recherche de l'expression énergique l'élève pouvait obtenir une grimace, et par
celle de l'expression mesurée une mimique insuffi-
sante. Carpeaux passa fort habilement entre les
deux écueils. La même année, premier logiste, il
traita en force le sujet proposé, *Philoctète dans l'île*

de Lemnos et n'eut que le second grand prix; le premier fut donné à M. Lepère, qui, moins aventrueux, était resté dans les traditions classiques de l'école.

Au commencement de l'hiver (1852), passant un soir devant l'Opéra, il apprend qu'Abd-el-Kader devait assister à la représentation. Toute la salle était louée. Avec son habituelle rapidité de décision, il va trouver le chef de claque et payant quinze francs — tout ce qui lui restait d'argent pour achever son mois, — il réussit à se faire engager comme « solitaire » et placer de façon à bien voir l'émir. Comme lorsqu'il avait composé pour M. Foucart le bas-relief de la *Sainte-Alliance*, il était poursuivi de nouveau par la pensée d'introduire en sculpture une forme nouvelle, l'image de la vie moderne, et il espérait en trouver l'occasion et le prétexte à cette représentation de l'Opéra. En effet, c'est là qu'il conçut le bas-relief exposé en plâtre au Salon de 1853 : *l'Empereur Napoléon III rendant à la liberté l'émir Abd-el-Kader*. Dans tout le cours de sa carrière, l'artiste fut préoccupé de cette idée de la modernité dans l'art. C'est ce qui explique le grand nombre de portraits qui figure dans le catalogue de son œuvre.

Il trouvait un intérêt sans cesse renouvelé à représenter les coiffures, les robes, les satins, les dentelles de la femme contemporaine, le vêtement, l'uniforme, le faux col, la cravate, la redingote de nos concitoyens. Il cédait à la même préoccupation quand, chargé de décorer le fronton de la nouvelle

façade de l'hôtel de ville de Valenciennes et n'ayant
d'autre programme que celui de modeler la figure
symbolique de la vieille cité, il l'avait transformé et
se proposait de représenter la *Ville de Valenciennes
repoussant l'invasion*. M. H. Lemaire, au nom de l'art
académique, M. Lemaire, ex-prix de Rome, ex-dé-
puté sous Louis-Philippe, ex-adjoint au maire de la
ville, toujours sculpteur et membre de l'Institut,
qui avait exécuté deux statues pour la même façade,
homme influent, important, s'opposa à la réalisation
du projet de son jeune parent, Carpeaux. Ce mé-
créant n'avait-il pas l'audace de vouloir montrer des
soldats de l'invasion, en uniforme, avec des bottes,
des gibernes, des pantalons, des fusils, escaladant le
fronton d'où les repoussait la noble ville? L'acadé-
micien triompha de l'artiste et le fronton est resté
bien sage, autant que peut être sage une œuvre de
Carpeaux.

Les destinées du bas-relief dont il conçut la
pensée à l'Opéra furent tragiques et burlesques à la
fois. Le motif était trouvé : *La mise en liberté
d'Abd-el-Kader*. — On remarquera que je maintiens
dans cette étude, de préférence aux titres officiels,
les titres sous lesquels Carpeaux désignait ses
œuvres. Le titre officiel ici est *l'Empereur Napoléon
recevant Abd-el-Kader au palais de Saint-Cloud*. Dans
ses désignations l'artiste trahissait la pensée dominante de son sujet, non tel qu'on le lui dictait
peut-être, mais qu'il l'avait compris.

Avant de se mettre à l'œuvre, Carpeaux prit l'avis d'un vieil ami qui lui témoignait une paternelle bienveillance, le recevait le dimanche dans sa famille et se plaisait à parler d'art avec le jeune artiste. Cet excellent homme, ancien sténographe au parlement sous la monarchie d'Orléans, se nommait Delsart. Il encouragea vivement Carpeaux, qui attaqua aussitôt un grand bas-relief haut de deux mètres, large de trois.

Les biographes les plus sérieux affirment que l'œuvre n'a jamais été exécutée en marbre, et que le plâtre a disparu. Il n'en resterait, dit-on, d'autres traces qu'une photographie qui a été gravée dans la *Gazette des Beaux-Arts* (livraison du 1ᵉʳ mai 1876). C'est une erreur. Non seulement Carpeaux m'a dit avoir commencé le marbre avant de partir pour Rome, c'est-à-dire à la fin de 1854; mais il résulte de nos recherches aux archives du Louvre que ce travail fut interrompu, repris et enfin terminé en 1857, car à cette date l'artiste recevait, en décembre, la dernière partie de la somme de huit mille francs qui lui avait été attribuée à cet effet. Carpeaux le croyait placé à Versailles; il se trompait. Son *Abd-el-Kader* n'est jamais sorti du Dépôt des marbres. Il en avait reçu la commande de l'empereur lui-même au mois de septembre 1853, à Amiens, en de singulières conditions.

L'œuvre achevée en plâtre fut exposée au Salon de 1853, qui se tint aux Menus-Plaisirs. Quoi qu'on

en ait dit, il la conduisit à son terme avec plaisir et
non comme une corvée. Il n'est pas rare que les
artistes, grands quémandeurs de travaux officiels,
affectent, après les avoir obtenus, de les traiter par-
dessous jambe et de n'en avoir cure ni souci. Ce ne

LA SOUMISSION D'ABD-EL-KADER.

fut jamais le cas de Carpeaux, et d'ailleurs il avait
réalisé spontanément un sujet choisi par lui et non
alors commandé. Il l'avait médité, caressé, choyé,
accompli au milieu de difficultés de toute sorte. Il
ne se tenait pas pour satisfait de l'à peu près. Voulant voir les personnages qu'il mettrait en scène, il
s'était faufilé, par je ne sais quel subterfuge, dans
Notre-Dame le jour du mariage de l'empereur et,
hissé sur une barrière, se faisant soutenir par des
voisins complaisants, avait dessiné Napoléon III.

Pour étudier ses autres modèles, M. Achille Fould,
ministre d'État; les généraux Magnan, Roguet, etc.,
il se glissait aux cérémonies officielles, aux revues
de troupes. Il avait modelé en fiacre Abd-el-Kader,
la figure principale.

Le bas-relief fut si mal placé au Salon, si haut
qu'il passa inaperçu. En dépit de la haine de
l'École, encore dans la tradition de Louis David,
contre « les bottes et les habits brodés », le jeune
artiste avait cru bien faire ; il craignit alors de s'être
égaré ; mais l'appréhension ne dura qu'un moment.
Un ami lui conseilla d'envoyer son œuvre à Valenciennes, où l'on attendait la visite de l'empereur; il
le fit. L'envoi devait être exposé dans la salle du
conseil municipal, mais M. Lemaire, l'un des conseillers, député du Nord, et surtout statuaire, s'y
opposa énergiquement. Par les soins du maire et
d'un de ses adjoints il fut placé sur un palier d'escalier de telle façon qu'il était impossible que l'empereur ne le vît pas.

Agrégé à l'Académie de Valenciennes depuis le
22 mai 1849, Carpeaux assistait à la réception dans
les rangs du conseil académique. Tout à coup, se
séparant de ses collègues, il se mêla au groupe des
conseillers municipaux; il voulait étudier de près
son modèle et était bien tenté de lui demander ce
qu'il pensait du groupe. La cérémonie tirant à sa
fin, il prend les devants, va se poster sur le parcours
de la sortie afin de mieux voir l'empereur. A peine

était-il hors de la salle que celui-ci précisément
s'informe, demande à M. Lemaire qui est l'auteur
de ce bas-relief. M. Lemaire ne répondit point. Le
cortége sortait de l'hôtel de ville. Carpeaux allait
arrêter le souverain et lui parler, le sonneur du
beffroi qui occupait là une fonction d'ordre prévint
le mouvement et s'y opposa. M. Beauvois, notaire à
Valenciennes, s'intéressant au jeune homme, l'adressa
à M. Marchand, conseiller général à Lille, par où se
continuait la visite impériale aux départements du
Nord.

En route, le train qu'il avait pris déraille. Carpeaux arrive à Lille cependant et voit M. Marchand,
qui lui recommande de venir le soir même au bal
officiel de la ville. Il y va. Pendant qu'on attendait
l'empereur, le parquet surchargé craque, tout le
monde fuit, le bal n'a pas lieu. Carpeaux repart aussitôt pour Valenciennes, s'endort brisé de fatigue
en chemin de fer, franchit la bifurcation de Valenciennes et ne s'éveille qu'en arrivant à Arras. Il
était tard ; à jeun depuis la veille, il va au poste
d'infanterie, demande l'hospitalité à un jeune ser-
gent, se refait un peu et repart à deux heures du
matin dans un fourgon de bagages. Là, poursuivant
son idée fixe, « parler à l'empereur », il décide de
faire un dernier effort et de transporter son bas-relief
à Amiens.

Dans cette ville, voyant le préfet, il obtient
son assentiment, mais la caisse qui contenait l'*Abd-*

el-Kader n'arrivait pas. La journée s'écoule dans l'impatience. Vers quatre heures du soir enfin, la caisse est déposée dans la cour de la préfecture. Nouvel incident : le préfet, pris de peur en face de l'énorme colis, et redoutant quelque ténébreux complot, se méfiant de quelque machine infernale, arrête Carpeaux, confisque la caisse, télégraphie à Valenciennes, et seulement au reçu de la réponse délivre l'artiste et le renvoie « lui et son tombereau ». C'était à désespérer.

Carpeaux ne se démonte pas, se présente à l'archevêque de la part du maire ; le prélat accueille sa requête avec bonté et consent à ce que le bas-relief soit exposé sous le porche de la cathédrale, après avoir exigé de Carpeaux la promesse qu'il ne dérangera pas le cortège. Le digne garçon tint si bien sa parole qu'en effet l'empereur passa et ne vit rien. Encore une fois la partie était perdue.

Luttant sans défaillance contre la fatalité, il s'adresse alors à un amateur d'antiquités qui le recommande au professeur de dessin Fusilier. Celui-ci compatissant obtient enfin que l'œuvre sera placée dans l'escalier d'une exposition locale que l'empereur doit visiter. En disposant son bas-relief à la place indiquée, Carpeaux se ménage une retraite derrière son plâtre et s'y cache.

L'empereur s'arrête devant cet *Abd-el-Kader* qu'il retrouvait à toutes les étapes de son voyage. A ce moment Carpeaux sort de sa niche, au grand ébahissement des « autorités », dit : « C'est moi qui l'ai fait, » et reçoit enfin la commande du marbre, des lèvres souriantes de Napoléon III qui s'éloignait quand Carpeaux ose l'aborder de nouveau et lui dit : « Sire, n'oublierez-vous pas? » — « Je n'ai qu'une parole », lui fut-il répondu. — Après tant d'efforts, de mécomptes, de contretemps, de déceptions, de marches, de contremarches, de fatigues, l'auteur de la *Soumission d'Abd-el-Kader* rentra triomphant dans Valenciennes.

Cet épisode donne la mesure de l'indomptable énergie de Carpeaux et de sa puissance de volonté. Vouloir toujours, vouloir quand même : telle fut sa devise constante dans la pratique de la vie. Tout le génie du monde ne l'eût mené à rien sans le secours d'une volonté surhumaine. C'est elle qui lui permit de vaincre les difficultés sans cesse renaissantes qui entravèrent son premier essor et ajournèrent si longtemps son grand succès à l'École des Beaux-Arts; c'est elle qui le soutint plus tard dans les abandons, les exploitations, les rivalités, les dénis de justice, les malechances, les malencontres accidentelles, les malentendus, les trahisons dont il fut victime. Elle l'arma pour la lutte qui lui était réservée par le destin. Cette arme en ses mains ne fut jamais qu'une arme de défense.

V

1853-1855

Dès ce moment ses regards se tournent vers l'Italie; l'antique le passionne.

Y a-t-il un type plus beau que l'*Ariane et Bacchus?* s'écrie-t-il. Maintenant je rêve, je soupire après la réalisation de la noble pensée que tu m'as communiquée dans ton avant-dernière lettre, répond-il à M. Chérier. — Patience, mon cher, et nous irons puiser ensemble dans cette belle Italie tous les secrets de l'art; nous irons nous inspirer à l'immortelle école de nos grands maîtres; c'est là que nous serons dédommagés des privations que le sort est venu nous imposer. C'est là que des cœurs comme les nôtres auraient dû naître. Si loin de la patrie des arts!... Combien de fois ai-je accusé le destin!... Cela doit nous faire redoubler d'ardeur pour atteindre ce que nous avons de plus cher après nos parents.

Allons, mon brave, un bon coup de collier à ton tableau! Si Dieu seconde nos efforts, nos vœux seront bientôt exaucés.

Il touchait à l'heure du triomphe définitif. En

1853, le prix de Rome ne fut pas accordé par le jury qui jugea le concours trop faible. Cependant Carpeaux, classé en tête des concurrents, obtint un premier travail de l'État; il fut chargé d'exécuter le *Génie de la marine* en trophée pour le pavillon de Rohan, au nouveau Louvre. Et, quelques mois après, le 20 mai 1854, il répond à d'affectueux reproches du fidèle Chérier :

Si je suis resté silencieux, c'est que je souffrais de rencontrer des hommes injustes sur mon chemin. J'ai dévoré seul la tristesse que j'aurais pu te faire partager ainsi qu'aux autres amis. Est-ce une erreur que de se redresser devant l'adversité et de la combattre jusqu'à ce que l'on puisse se rendre maître d'une position? Eh bien, c'est ce que j'ai fait, et je suis parvenu à mes fins. — Je possède aujourd'hui 14.000 francs de travaux sans compter ce qui doit m'arriver, car l'architecte du Louvre, M. Lefuel, m'a fait compliment de la composition que je lui ai soumise pour l'exécution du groupe d'enfants qu'il m'a confié. — Outre cela, j'ai la commande du buste en marbre du secrétaire de S. M l'empereur. — Malgré mes nombreux travaux, je « mets au prix ». Le jugement vient d'être rendu, je suis reçu le deuxième au premier essai. Je ne crains pas la seconde épreuve. — Sur cinq Valenciennois qui ont concouru (avec moi) il n'y en a pas un de reçu. Je reste seul pour sauver l'honneur de la ville.

« Seul, et c'est assez, » aurait pu ajouter Carpeaux. A cette seconde épreuve qu'il ne redoutait point, il ne fut pourtant classé que le cinquième. Déconcerté, découragé sans doute, trois semaines avant la fin du concours il n'avait pas encore paru à l'École. On croyait qu'il avait renoncé, quand un matin il arrive exalté, fiévreux, et avec une singulière audace dit en entrant : « Je viens faire le grand prix. » Il termina son groupe en huit jours, travaillant avec une sorte de rage, et eut le prix.

L'Académie avait donné pour sujet du concours *Hector et son fils Astyanax*. On connaît le motif emprunté au sixième chant de l'*Iliade*. Hector en armes s'approche de son fils et lui tend les mains: mais l'enfant, terrifié à l'aspect du casque et de l'aigrette, se jette dans les bras de sa nourrice en pleurant. Le père et la mère sourient de son effroi. Hector découvre sa tête, embrasse le petit garçon, le prend dans ses bras, puis implore les dieux en sa faveur, non sans quelque superbe : « Jupiter, dit-il, et vous tous, Immortels, faites que mon fils soit, ainsi que moi, le plus illustre des Troyens! » Outre les qualités d'école, de correction, de proportion, de science banale, de sagesse à laquelle son échec de 1852 l'avait ramené, Carpeaux avait mis dans son œuvre de concours une plus haute qualité d'art, je veux dire un beau et poétique mouvement. Au lieu de traduire l'invocation, comme l'avaient fait les autres concurrents, par un geste des bras levés vers le ciel, il en rendit le sentiment d'une façon plus sobre, plus noble, plus neuve, plus saisissante par la seule puissance de l'expression. Il montra le père élevant ses regards vers le séjour des dieux et, de ses deux bras enlacés, pressant d'une pieuse étreinte le jeune Astyanax contre sa robuste poitrine.

Certes la figure n'est pas d'une très grande origi-

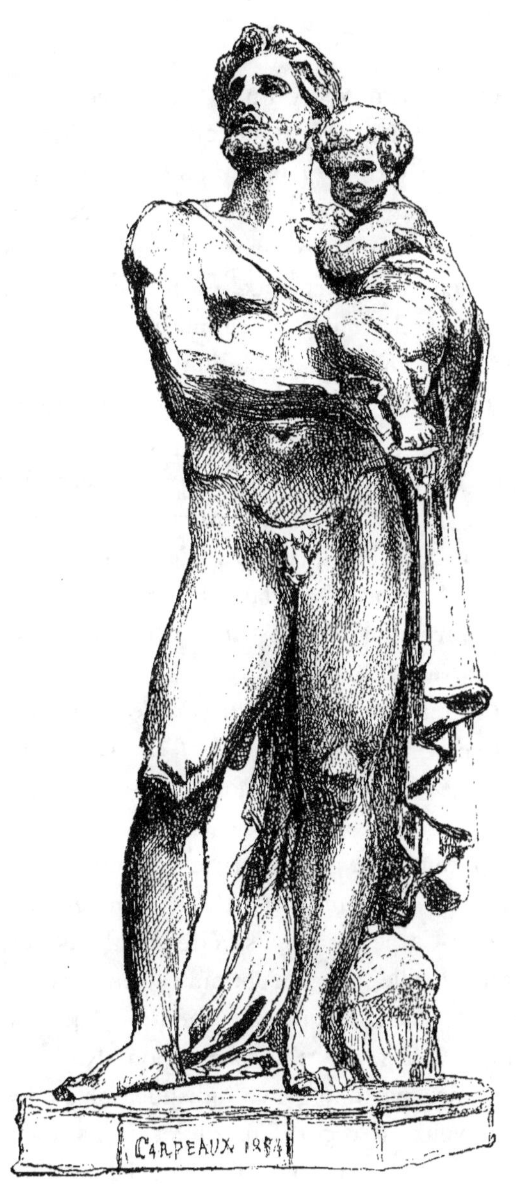

HECTOR ET ASTYANAX.
(Prix de Rome.)

nalité. On n'y voit guère qu'un bon devoir d'élève ;
et si Carpeaux n'était pas devenu un maître, nous
ne nous y arrêterions point. Mais c'est précisément
la suite de l'œuvre qui nous attache à ce premier
groupe. Déjà nous y trouvons l'enfant, l'enfance
qui fut si chère à Carpeaux, et qu'il exprima dans
ses grâces potelées avec une tendresse infinie. Tous
ceux qui l'ont connu dans l'intimité ne peuvent oublier avec quelle sollicitude il regardait, observait,
caressait leurs enfants, et combien avant d'être père
lui-même il enviait les joies de la paternité. Cet
Astyanax, si passionnément embrassé par son père,
si câlin sur l'épaule d'Hector, n'est pas l'aîné des
enfants de son art. Déjà dans la *Sainte-Alliance* il
en avait introduit quelques-uns avec les plus char-
mantes attitudes. Sa première œuvre à son arrivée
à Rome est un enfant, le *Petit Boudeur* : plus tard,
en tous ses grands ouvrages : l'*Ugolin*, le *Pavillon
de Flore*, l'*Opéra*, il fait toujours une large part à
l'enfant.

Il avait obtenu le grand prix le 9 septembre 1854 :
le 22 octobre, la municipalité de Valenciennes fête
l'arrivée de Carpeaux dans sa cité natale et lui fait
à l'hôtel de ville une réception, disent les lettres
d'invitation, « digne du beau triomphe qu'il vient
d'obtenir ». Mais, avant de partir pour Rome, il fut
retenu à Paris par une grave indisposition : une maladie des yeux. Il reçut d'abord les soins d'un in-
terne de nos hôpitaux, puis d'un spécialiste célèbre.

On lui avait appliqué quatre-vingts sangsues aux
tempes. Menacé et craignant de perdre la vue, il
consulta un troisième médecin qui le guérit. Il put

L'ENFANT BOUDEUR.

enfin prendre le chemin de la Ville éternelle. Il avait
vingt-huit ans.

C'était en 1855; il était monté en loges pour la
première fois en 1848.

Quelle lente, longue et pénible formation première, si nécessaire en ses contraintes pourtant, avec

ses mille liens et ses camisoles de force imposées à
la libre expansion du génie!

A Rome seulement va commencer pour Carpeaux, après ce patient apprentissage du métier
de statuaire, la généreuse et vaillante éducation du
grand art.

VI

1855-1858

ROME. — PREMIÈRES IMPRESSIONS.
SOUMY. — LA *PALOMBELLA*. — LE *PÊCHEUR A LA COQUILLE*.
RAPPORT D'HALÉVY A LA 1ʳᵉ CLASSE DE L'INSTITUT.

A tous ces jeunes gens qui arrivent au prix de
Rome, enfants du peuple pour la plupart, surtout
parmi les sculpteurs, le voyage d'Italie et le premier
séjour à la villa Médicis apparaissent comme l'enchantement merveilleux d'un conte de fées.

Nul n'y fut plus sensible que Carpeaux. Comment
s'en étonner! Après tant d'années de misère, de vie
étroite, enfermée dans les villes, sans lumière exté-
rieure, au jour pâle et froid des ateliers, il vit tout
à coup s'ouvrir devant lui la grande nature, les hori-
zons majestueux, d'immenses espaces de ciel et de
mer, — la mer sublime et inconnue; — il assistait
à l'activité cosmopolite, bruyante, colorée, pittoresque et joyeuse des ports de la Méditerranée; il

trouvait, lui, fils de maçon, un palais pour le recevoir, des valets en livrée pour le servir; artiste, tout
un monde d'art pressenti par le Louvre sans doute,
mais vivant, au lieu d'un art pétrifié; aussi différent
de ce qu'il avait vu que diffèrent de la collection
des lépidoptères, au Muséum, les troupes de pa-
pillons voletant par essaims dans le soleil parmi les
champs de plantes balsamiques; non plus, ici, le tableau piqué au mur par une épingle, et mort, mais la
peinture couvrant les vastes parois des palais et des
églises, flottant comme un vêtement aux courbures
des coupoles; mieux que cela encore, l'art en action
dans un noble milieu d'art. Il ne sortait de la Sixtine
que pour aller au Ghetto, de la Sixtine où il trouvait
Michel-Ange et les pompes catholiques et les chants
de Palestrina, pour aller au Ghetto qui l'émerveillait,
où il rencontrait des types d'une beauté pittoresque
qu'il n'avait jamais soupçonnée, des poésies inouïes,
depuis les plus pures figures du Dante jusqu'aux
sorcières de Macbeth, des coins d'ombre à la Rembrandt et des percées de bleu à la Véronèse, le
sublime à la Sixtine, le navrant au Ghetto.

Sa première sensation fut une sorte d'envahis-
sement de bonheur tel qu'il pensa un moment ne
plus rien faire que de jouir en dilettante. Chaque
jour, il accomplissait son double pèlerinage (Sixtine,
Ghetto), et le soir, de six à dix heures, battait la
ville, la Longara de préférence, les filatures, les
quartiers populeux, où il étudiait la femme dans

les types les plus parfaits de son animalité sculptu-
rale, et, à travers le réel, voyant le maître, son maître
dès lors adopté, Michel-Ange.

L'inséparable compagnon de ses promenades
était Soumy, qui avait obtenu le prix de Rome pour
la gravure en 1854, la même année que lui. Soumy
était hypocondriaque et s'est tué à Paris en 1862.
A Rome, il s'isolait des autres pensionnaires, appartenait à l'espèce de ceux, qui, considérant l'art

comme un sacerdoce, ne se permettent jamais un sourire, marchent graves, le sourcil froncé, affectant naïvement des allures dantesques. Il avait gagné à ces innocentes manies son ami Carpeaux, qui s'y livrait avec lui et prenait des airs farouches, mais qui parfois aussi lui échappait et revenait au groupe enjoué des pensionnaires mondains. Soumy exposa au Salon de 1859 un dessin de la *Sibylle Libica*, de la chapelle Sixtine; en 1861, la *Création de l'homme*, d'après Michel-Ange; deux portraits peints, une tête d'étude de jeune Romain, plus deux dessins de paysannes romaines. Carpeaux professait pour son talent la plus grande admiration, et, montrant un de ses dessins d'après Michel-Ange, dessin qui ne quitta jamais le mur de son atelier, il déclarait qu'on y retrouvait le génie du maître plus clairement que dans l'œuvre originale altérée par le temps; il conserva toujours pour la mémoire de l'ami mort une sorte de culte attendri. C'est à ce titre que j'inscris ici le nom de Soumy, qui exerça une action manifeste sur la direction que prit le talent de Carpeaux en partageant avec lui ses études et ses enthousiasmes.

La seconde œuvre de Carpeaux à Rome (la première était l'*Enfant boudeur*) fut le buste de la *Palombella*. Après bien des années, il ne parlait pas de cette œuvre sans émotion. Elle lui rappelait la grandeur simple de la vie populaire sur la vieille terre latine; il y retrouvait l'image de la vie primitive,

pauvre, laborieuse, où toute chose se fait lentement,
sans fièvre, sans passion, à son heure. Son modèle

LA PALOMBELLA.

était une fille des montagnes de la Sabine, qu'il avait
surprise recousant les haillons des malheureux,

— la charité pauvre, — et admirée soutenant un panier de figues sur la tête avec la noblesse et le port d'une cariatide. La Palombella mourut à dix-neuf ans. Il est permis d'imaginer un roman fugitif dans la vie de Carpeaux à cette heure, un roman plus humain, plus vrai que celui de Lamartine. La Palombella est une sœur de Graziella. Le buste en marbre ne fut exposé qu'en 1864, mais figure en plâtre dans son premier envoi de Rome (1856).

Son second envoi, s'il fallait en croire ses premiers biographes, serait la copie en marbre d'après une antique, le *Tireur d'épine*, du musée du Vatican. C'est encore une erreur. Carpeaux ne fit point la copie réglementaire. Celle du *Tireur d'épine* a été exécutée par M. Chapu, et est exposée dans la cour du Mûrier, à l'École des Beaux-Arts. Or on sait que les copies ne se répètent point. Cette première infraction aux devoirs imposés fit assez mal noter Carpeaux par la direction de l'Académie de France. Il y passait, non sans quelque raison, pour un pensionnaire insoumis au joug pourtant assez doux des règlements. Son envoi de troisième année (1858) fut le modèle en plâtre du *Jeune Pêcheur napolitain*, devenu populaire depuis sous le titre de *Pêcheur à la coquille*.

La lettre suivante, du 16 octobre 1858, nous dit dans quel état d'esprit il se trouvait alors :

Mon cher et brave ami, combien de fois je me suis reproché de

n'avoir pas entretenu la vieille amitié qui nous liait si intimement à
mon début dans la carrière artistique! — La première cause de mon
silence fut ma maladie d'yeux. Depuis je suis dans une misanthro-
pie causée par la fausse situation où le malheur m'avait jeté. — Et
aussi pensons-nous par l'influence de Soumy. — Il reprend: Ma
mère m'a consolé. Elle me communiqua par ses lettres l'espoir que

MADAME CARPEAUX MÈRE.
Croquis de Carpeaux.

j'avais perdu, elle me rendit le courage et je me mis à l'œuvre. J'en-
trepris une statue dont le succès m'apporta l'espérance et la prévi-
sion d'un avenir sur lequel je ne comptais plus. — Tu trouveras un
article sur ma statue dans le *Moniteur* du 10 octobre et dans les
Débats du 5.

Dans le *Pêcheur* de Carpeaux, la réminiscence de
l'*Enfant à la tortue*, de son maître Rude, n'était

nullement déguisée. Mais ce n'était déjà plus une
œuvre d'élève. En même temps qu'un sentiment
très fin des formes grêles de la seconde enfance
(sentiment entré par lui dans l'École et dont on a
tant usé et même abusé depuis : le *Saint-Jean* de

ÉTUDE DE MAINS.
(Croquis de Carpeaux.)

M. Paul Dubois, etc., etc.), Carpeaux y révélait la
science des profils et de la mimique, dont il se disait
redevable à l'enseignement de Duret, et cette science
profonde de la construction anatomique en mouvement qui fut si parfaite chez lui, si complète, à ce
point infaillible qu'elle suffirait à l'immortalité de ses
œuvres.

A partir de cette date, il n'y a pas un morceau,
pas un fragment sorti de sa main qui ne soit un

chef-d'œuvre de construction. Si ce mérite n'est
pas auprès de l'avenir un élément absolu d'authenti-
cité pour les œuvres qui lui seraient attribuées, quand
les témoignages contemporains des biographies, cata-
logues, signature même, auront disparu dans la des-
truction des temps, cette science parfaite empêchera
toujours qu'on ne lui attribue quelque œuvre que ce
soit, fût-ce une maquette bâclée à la hâte, où les
proportions seraient douteuses et l'anatomie incer-
taine. Un bout de doigt modelé par Carpeaux en
quelques secondes est aussi merveilleux à ce
point de vue que l'œuvre la plus achevée. On y
sent tout de suite les dessous, les têtes d'os, les
mouvements d'articulation, exprimés avec l'infailli-
bilité, légèrement accentuée par l'art, que présente
toujours la nature.

Outre de belles lignes sculpturales se renouvelant sur toutes les faces de l'œuvre, le *Pêcheur à la
coquille* présente une idée charmante. L'enfant est
nu, coiffé du bonnet napolitain, plus souple ici que
dans l'*Enfant à la tortue* de Rude. Accroupi sur le
talon du pied droit, le genou à terre, il applique
contre son oreille les lèvres bruissantes d'une conque
marine. Avec l'expression juvénile et joyeuse d'une
souriante surprise, il écoute — même du regard —
les bruits confus et sourds, les sonorités, les mur-
mures et les souffles qui s'échappent de la coquille
nacrée.

Sur cette charmante figure, le secrétaire per-

pétuel de l'Académie des beaux-arts, le musicien
Halévy, lut en séance publique un rapport qui tou-

PÊCHEUR NAPOLITAIN A LA COQUILLE.

chera les amis d'une douce gaieté; les admirateurs
de M. Prudhomme s'en réjouiront également.

« M. Carpeaux envoie la figure d'étude d'un
Jeune Berger. » Le rapport débute par cette phrase
digne de mémoire. Pourquoi *Jeune Berger?* Nul
jamais ne l'a su, nul oncques ne le saura. Carpeaux
avait envoyé son plâtre sans titre; l'Académie d'a-
lors y voit aussitôt un jeune berger. Évidemment le
signalement d'un jeune berger pour l'honnête
Halévy était de se montrer tout nu et de tenir un
coquillage marin. Suivons : « L'Académie aurait
désiré que le modèle dont M. Carpeaux faisait librement le choix lui eût permis de montrer *l'heureuse
alliance de la beauté et de la vérité.* » Le secrétaire
perpétuel de ce temps-là, de toute nécessité, devait
être un musicien: jamais un peintre, un statuaire.
par connaissance du métier, ni un lettré comme le
très intelligent Beulé, n'eussent donné à penser que
la beauté peut se révéler, peut exister en dehors de la
vérité. « Toutefois — dit le rapporteur — le regret
exprimé par l'Académie ne l'empêche pas de reconnaître dans l'ouvrage du jeune lauréat l'étude fine
et vraie de la nature. » Allons! c'est bien heureux.
« C'est une qualité précieuse, — ajoute-t-il; — que
M. Carpeaux la conserve dans tous ses travaux et qu'il
cherche en même temps à *élever son style en exer-
çant son talent sur de nobles sujets.* » — N'est-ce pas
admirable? Pauvre Carpeaux, toi qui croyais avoir
assez fait en faisant ce chef-d'œuvre et n'avais pas
songé à lui donner un nom! Que n'appelais-tu ton
jeune pêcheur *l'Enfance d'Ulysse* ou *Masaniello*

enfant? Masaniello était encore un peu de mode alors; Auber vivait, Auber régnait; et Ulysse est immortel plus sûrement encore que tes juges ne l'étaient : ton sujet eût été d'un mot ennobli.

VII

1858-1860

Pendant que l'Académie des beaux-arts for-
mulait ces conseils frappés au coin de sa haute
sagesse, le « jeune lauréat » faisait le voyage de
Naples. Mais Carpeaux traînait partout le drame
après lui. Comme il avait cru en matière d'instruction à la méthode Jacotot, en matière médicale
il croyait à la méthode Raspail. N'est-ce pas un
certificat d'origine populaire ? Il était à Naples dans
le courant de l'été 1858. Souffrant de je ne sais
quel malaise, il découvre dans le *Manuel de la santé*
un remède qu'il croit approprié à son état et, avec
sa bonne fortune habituelle, trouve le moyen de
s'empoisonner. Il s'était fait remettre par un apo-
thicaire, au lieu de 30 centigrammes, 30 grammes
de calomel qu'il ingéra dans un plat de maca-

roni. Pris aussitôt de suffocations, de sueurs, d'une faiblesse subite qui l'empêcha de faire un pas, d'un étranglement de la voix qui l'empêcha d'appeler, se sentant mourir, il eut encore la présence d'esprit de ramasser une paire de bottines et de la lancer dans la fenêtre de sa chambre. Au bruit des vitres cassées, ses hôtes accoururent à son secours. Dans le même temps, quelques pensionnaires de l'Académie de France, notamment MM. Vaudremer et Daumet, architectes, faisaient le pèlerinage obligé de Pompéi. Ils reçurent un jour une lettre indéchiffrable : on n'y distinguait que ces deux mots : *empoisonnement, Carpeaux.*

M. Daumet, prix de Rome de 1855, s'offrit spontanément, dans un élan de généreuse confraternité, et partit pour Naples aussitôt. Il confia son camarade aux soins d'un jeune médecin allemand dont il avait éprouvé l'expérience dans un précédent voyage et qui le sauva.

Malgré cette mésaventure, Naples laissa dans les souvenirs de Carpeaux une impression à ce point ineffaçable que, dans la dernière année de sa vie, déjà mourant, — car son agonie a duré près de deux ans, — il caressait avec passion le projet de retourner dans le midi de l'Italie. Maintes lettres de lui le constatent en même temps qu'elles témoignent des joies qu'il espérait de ce dernier voyage, qui d'ailleurs ne se fit pas.

Le 3 septembre 1874, il écrit à Mlle Foivart, son élève : « Je vais à Palerme (Sicile) en sortant de Dieppe, » où il était dans le voisinage de M. Alexandre Dumas, qui fut pour lui le plus généreux des amis en ces années extrêmes.

Quatre jours après, il adresse à la même personne la lettre suivante :

Dieppe, hôtel du Grand-Cerf, 7 septembre.

Chère enfant,

Que voulez-vous que je fasse dans un pays qui, pendant douze ans, a persécuté toutes mes conceptions, et cherché à détruire ce que j'ai eu tant de peine à édifier ?

J'ai laissé trop de forces dans cette lutte pour n'avoir pas besoin de me refaire dans la patrie de la pensée et des grands exemples. Croyez-moi, chère enfant, vous êtes dans l'erreur en pensant que je ne serais pas entouré de gens intelligents pour me soutenir. Ce peuple a le culte de l'art, il l'honore au point de ne pas distinguer l'étranger. Un grand artiste fait partie de la grande famille. J'ai reçu de ce peuple des témoignages d'enthousiasme lors de l'apparition de mon groupe d'Ugolin ; à mon arrivée à Paris avec cette œuvre j'ai été banni, repoussé. J'étais voué à l'ostracisme. J'ai résisté, mais à quel prix !

Que ne pouvez-vous venir avec moi ! je vous ferais passer par la chapelle Sixtine, après avoir demandé la bénédiction du pape. Je vous y laisserais travailler avec mon ami Pietro, conservateur de la chapelle, un enthousiaste, un adorateur du grand maître, puis vous viendriez nous retrouver à Palerme, d'où nous irions par mer visiter Pompéi, Herculanum, Pœstum, Sorrente, Salerne et *tutti quanti*, et cela sans dépenser beaucoup d'argent. . . . . . C'est un pays de cocagne où les orangers abondent. Tout le monde est gai, ou chante, on danse, en un mot on s'amuse, le spectacle est dans la rue. Vous n'aurez qu'à regarder, à dessiner ou peindre.

Tout ce peuple pose. Quelle joie pour l'artiste ! Venez-vous ?

CARPEAUX.

Le *Pêcheur* à peine achevé, Carpeaux songe aussitôt à une œuvre plus importante dont l'accomplissement devait lui causer de si cruels tourments. Le 28 décembre 1858 il écrivait à M. Chérier :

Les contrariétés que j'ai éprouvées me retiennent encore à la chambre. Il se passera quelque temps avant que je puisse me remettre.

Le directeur de l'Académie de France à Rome m'empêche de traiter un sujet qui a fixé mes soins et mes prévisions depuis un an ; sujet sur lequel j'avais reçu son approbation dès le début, ce qu'il nie aujourd'hui... Il me menace même de me retirer les moyens d'exécution si je persévère dans la continuation de mon travail, qui est déjà ébauché. Ce sujet est tiré du Dante : *Ugolin et ses enfants* (*Enfer*, chapitre XXXVII). — Ce refus m'a serré le cœur ; des étouffements en ont été la suite, puis une inflammation de poitrine ; cependant je vais mieux depuis deux jours ; je me lève, et j'ose espérer que bientôt je pourrai reprendre mes occupations. — Ma tête est vide ; il s'y est opéré un trouble qui ne me laisse pas la lucidité nécessaire pour juger ma situation. Que faire ? Voilà ce que je me demande sans cesse. Faut-il détruire ce grand travail qui me valait des éloges au début, et faire une œuvre ordinaire pour satisfaire les règlements que le directeur m'impose ? — A dire vrai, mon cher, j'ai peu de penchant à faire un travail de commerce ; mais je suis poussé par la nécessité de prendre un parti. — Je ne suis pas joyeux, je te l'assure, et je serais bien aise de recevoir une bonne inspiration du ciel.

La première moitié de l'année 1859 s'écoula dans ces luttes sans issue apparente. A la suite de son empoisonnement par le calomel, Carpeaux avait conservé un malaise général, un état de fièvre qui n'était point la fièvre romaine. Découragé par l'opposition de M. Schnetz, il quitta Rome et l'Italie, revint en France et passa une partie de l'année 1860 à Valenciennes. M. Paul Foucart, dans une lettre publiée, en 1876, par l'*Alliance des arts et des lettres*, a donné quelques détails intéressants sur son séjour en cette ville :

Cette fois-là comme presque toujours, lorsqu'une circonstance quelconque le ramenait dans sa ville natale, il était descendu chez mon père... Sous prétexte de se reposer, il y exécuta coup sur coup le portrait d'une de mes sœurs qui, orné plus tard d'une coiffure italienne, est devenu le buste si connu sous le nom de la *Rieuse* : — quelques eaux-fortes, gravées sur de grosses feuilles de zinc.... beaucoup de dessins très complexes et très étudiés, et plusieurs autres œuvres encore. En quittant Valenciennes, il alla à Lille copier avec amour au musée Wicar des cartons des grands maîtres. puis à Tourcoing où, dans l'atelier de M. Chérier, il exécuta en deux séances mon portrait, l'une de ses plus fortes peintures. — Travailler ainsi sans relâche, c'était ce que Carpeaux. dont l'imagination comme la main était infatigable, appelait prendre des vacances.

Carpeaux, je l'ai déjà dit, n'était pas en odeur de sainteté à l'Académie de France. M. Schnetz le considérait comme un pensionnaire vagabond, rebelle, et il fut question de supprimer sa pension plutôt comme un avertissement, je pense, qu'à titre de menace effective.

Il n'était rien moins que docile, en effet, et nullement sédentaire. Il considérait que de cet admirable séjour en Italie, qui devait être pour lui si fécond en enseignements de toute sorte, il devait tirer tout le profit intellectuel possible. M. Schnetz, se

LA RIEUSE.

méprenant peut-être sur le caractère du jeune artiste,
croyait qu'il perdait son temps parce qu'il ne suivait

pas aveuglément ses conseils et paraissait plutôt subir
qu'accepter sa direction. En tout cas, sa fonction de
directeur lui imposait le devoir de faire observer la
règle et s'il se plaignait officiellement de son pen-

ITALIENNE ET SON ENFANT.
(Croquis de Carpeaux.)

sionnaire, il y a tout lieu de croire que ses lettres
privées atténuaient la rigueur de ses plaintes officielles. A aucune époque de sa vie, au contraire,
bien que sans résultat immédiat apparent, Carpeaux
n'a tant travaillé. Jamais son cerveau n'a été plus
actif. Il observait, voyait, cherchait, comparait,

5

amassait les remarques avec une avidité extraordinaire, emplissant ses greniers pour l'avenir, et c'est
de l'Italie qu'il est sorti armé de toutes pièces pour
le grand combat de l'art.

En 1874, se reportant à ces années heureuses,
il écrit :

Je parcourais les rues de la ville éternelle, le crayon à la main,
interprétant des scènes variées sous les yeux de mes amis, qui ne
comprenaient pas comment je pouvais voir dans la nature des sujets
si élevés, si tendres, si caractéristiques. Je leur montrais tous les
jours l'art de voir et bien peu pouvaient me suivre. Pourquoi? C'est
qu'ils n'avaient que l'étude plastique de la nature; ils avaient né-
gligé l'enthousiasme qui électrise l'artiste et lui fait trouver des accents sublimes pour s'élever au-dessus du niveau de la vie ordinaire. C'est ce que j'appelle la *seconde vue.*

Il y a certes bien des talents que l'Académie de
France a engourdis. On peut supposer qu'ils n'a-
vaient pas grand ressort. Mais si le prix de Rome a
pu être utile à un jeune artiste, c'est entre tous à
Carpeaux qu'il le fut. L'Italie lui a ouvert tout un
monde inconnu et pour lequel il avait la perception
vive, le monde de la poésie. M. Schnetz ne comprit
pas alors cette nature.

Combien elle est délicate et difficile, cette fonction de directeur de notre École de Rome! quelle
légèreté de main n'exige-t-elle pas pour guider,
sans leur faire sentir le mors, ces jeunes ardeurs
sujettes aux égarements de leur âge, promptes à se
cabrer, ayant conscience d'elles-mêmes, animées

de leur propre ambition esthétique, prises parfois
de découragements qu'il faut stimuler ou d'emporte-
ments qu'il faut ramener. La souplesse et la pénétration d'un directeur de conscience, l'indulgence et

ITALIENNE.
(Croquis de Carpeaux.)

la bonté éclairée, le conseil d'un cœur ami y auront
toujours plus d'action que la rigueur et l'inflexible
application de règlements qu'il a bien fallu établir,
mais qui doivent être interprétés avec une grande
bienveillance.

Menacé, Carpeaux se hâta de repartir pour Rome,
nous dirons tout à l'heure dans quelles conditions, et
pour son envoi de quatrième année, très retardé,

prépara le marbre du *Pêcheur à la coquille* qui ne fut achevé que pour le Salon de 1863. Sous sa nouvelle forme, cette œuvre définitive fut achetée par l'impératrice. Le travail en est souple, exquis, délicat et fin; l'accentuation des muscles pectoraux et des osselets de l'épine dorsale, quoique plus accusée que chez Rude, est ramenée dans le marbre à sa valeur réelle, celle de la force, que le plâtre avait exagérée. *Le Pêcheur à la coquille* est le premier chef-d'œuvre de Carpeaux. Il fit, dès le bronze, en 1859, la réputation du statuaire et le succès qu'il obtint alors fut, chose rare, un succès d'artiste autant qu'un succès de public.

VIII

1860-1862

Nous avons vu qu'aussitôt après l'exécution du *Pêcheur à la coquille* Carpeaux prépara son envoi de cinquième année. Son habituelle lecture à cette époque était celle des grands poètes italiens. Bien des années après, il rappelait ses souvenirs d'alors à une intelligence amie : « J'ai passé sept ans à Rome, écrivait-il, vivement impressionné par Michel-Ange, par Raphaël, et les poètes, Dante, le Tasse, Pétrarque. Ces maîtres m'ont montré la divine nature sous des formes sublimes. » Dante surtout et sa mystique trilogie, qu'il avait méditée avec Soumy, fascinèrent cette imagination éprise de merveilleux comme celle d'un enfant. C'est à *l'Enfer* qu'il emprunta le sujet de son œuvre prochaine, et dans *l'Enfer,* à l'épisode d'Ugolin.

Voici le texte qu'il choisit :

Lorsqu'un faible rayon eut pénétré dans le triste cachot, et que, sur quatre visages, je vis mon propre aspect, de douleur, les deux mains je me mordis : et ceux-là, pensant que c'était par l'envie de manger, soudain se levèrent et dirent : « Bien moins de peine nous serait-ce si tu nous mangeais ; tu nous as revêtus de ces misérables chairs, et toi aussi dépouille-nous-en ! »

Lors je me calmai pour ne pas les affliger plus ; ce jour et le suivant nous demeurâmes muets. Ah ! terre barbare, pourquoi ne t'ouvris-tu point?

Quand nous fûmes au quatrième jour, Guaddo tomba étendu à mes pieds, disant : « Père, pourquoi ne me secours-tu? . . . . . . »

Là il mourut, et, comme tu me vois, je vis les trois autres tomber un à un entre le cinquième jour et le sixième!

(DANTE, Enfer, ch. XXXIII.)

La lettre de décembre 1858 nous a révélé le premier incident des luttes sans nombre que Carpeaux eut à livrer pour conduire à son terme cette colossale entreprise. M. Alphonse Karr, qui fut le voisin de l'artiste en son dernier séjour à Nice, a raconté fidèlement dans les *Guêpes* du 15 avril 1875, et avec sa verve généreuse, l'histoire de ce groupe, telle que Carpeaux lui-même se plaisait à la redire. M. Schnetz voulait qu'il supprimât les quatre enfants et fît d'Ugolin un saint Jérôme. « Carpeaux haussa les épaules, répondit qu'il y avait déjà trop de saints Jérôme, et que pour de pareils poncifs il n'y avait

pas besoin de sculpteurs, que des praticiens suffi-
raient. » Il se remit à l'ouvrage. C'est sur le *velo* définitif de M. Schnetz que Carpeaux vient à Paris (1860).
Il réussit à forcer la porte de M. Fould qui était alors

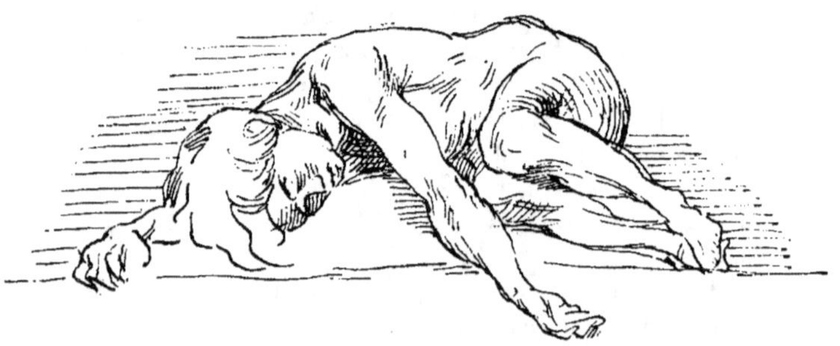

ÉTUDE D'ENFANT POUR LE GROUPE D'*Ugolin*.
(Croquis de Carpeaux.)

ministre d'État, obtient une prolongation de séjour
à Rome pendant deux ans, repart aussitôt et reprend
l'œuvre à nouveau ; car, ainsi que nous l'apprend
M. Alphonse Karr, « personne n'avait pris des statues
en train les soins ordinaires et la terre desséchée
était en partie tombée ».

Quelques mois après, l'œuvre était assez avancée
pour qu'il pût écrire à son ami Chérier les lettres
suivantes :

Rome, ce 9 juin 1861.

Je suis près de livrer au monde artistique l'une des œuvres les
plus émouvantes du siècle. J'ai dévoré bien des larmes, ami, depuis
notre séparation... Elles ont arrosé cette argile que mon esprit cherchait à faire parler, et j'ai le bonheur de pouvoir te dire, cher

Bruno, que ma douleur a bien traduit mes impressions. — Tristesse
sublime qui avait pour principe l'amour, mais l'amour malheureux.
Il semble, ami, que le ciel dispose de nos sentiments selon ses intentions. J'étais destiné à dire d'un seul coup ce qu'une époque
n'exprime pas dans un siècle, et pour cela il m'a fallu être sage,
triste, plein d'espérance et de courage pour venir à bout d'une
besogne impossible.

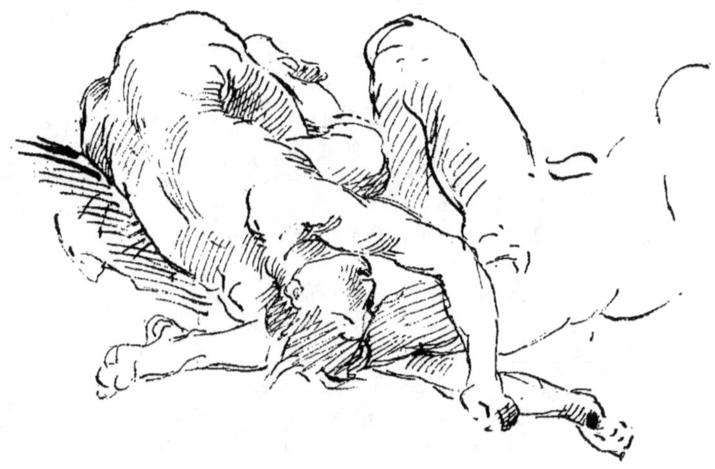

ÉTUDE D'ENFANT POUR LE GROUPE D'*Ugolin.*

(Croquis de Carpeaux.)

Puis faisant allusion à certain projet de vie intime qu'il n'a pu réaliser :

Hélas ! tout est fini. — Je ne le sais que trop. Je l'ignorais encore il y a deux mois ; mais tant mieux. Je ne dois pas me marier.
Je dois souffrir, aimer sans être aimé, mais piocher dans la sublime
voie où je suis entré.

Et puisant sa consolation dans son triomphe d'artiste il reprend :

Bientôt, ami, je vais te revoir ; je serai comblé d'honneurs. Rome a déjà précédé la France ; les princes, les ambassadeurs et les artistes sont venus applaudir à mon œuvre.

Une princesse aussi belle par ses vertus que par son physique m'a honoré de son amitié et elle est par alliance la petite fille de la princesse Peschiera que notre grand maître Michel-Ange a tant aimée !

Elle m'a dit : « Il semble que le génie de Michel-Ange, après avoir traversé trois siècles, se soit reposé sur vous ! » Elle me prit dans sa voiture et nous visitâmes ensemble le Vatican. De là elle me conduisit au palais de Venise où elle me présenta à sa sœur et à son père, ambassadeur d'Autriche... la pensée est grande, mais la distance l'est plus encore.

Le comte de Nieuwerkerke étant à Rome pour acheter le musée Campana est venu me voir. Il me dit en pleine assemblée : « Mon cher Carpeaux, votre œuvre vous fera honneur, elle fera votre nom. On dira en parlant de vous, c'est l'homme d'*Ugolin.* » Et il ajouta : « Le ministre d'État vous donnera le marbre, faites en sorte qu'il soit exécuté pour l'exposition de 1862. »

Tu le vois, ami, la fortune vient me trouver. J'en rends grâce au ciel. Tu me trouveras aussi simple que par le passé, dévoué à l'amitié et à l'art.

Le singulier mélange de gloriole, d'humilité et de dignité vraie !

Rome, ce 3 août 1861.

Je termine en ce moment mon groupe ; tout est en excellente voie, mais il faut ce dernier coup qui ressemble aux glacis de la peinture, et qui donne le charme par l'harmonie des formes...

Tu verras un fameux morceau de sculpture. Je ne te dis que ça...

Bientôt je vais pouvoir aller te trouver, mais cette fois pour faire une tournée en Italie. Je t'emmène de vive force.

Ugolin, son *Ugolin*, il n'a pas d'autre pensée, rapporte tout à son *Ugolin*.

ÉTUDE POUR LE GROUPE D'*Ugolin*.

(Croquis de Carpeaux.)

Le 24 août il écrit encore :

M. P... vient de m'adresser 1500 francs pour ma statue en bronze de mon *Pêcheur napolitain* dont je lui cède une épreuve. Ce n'est pas cher. Mais 1500 francs en ce moment valent 10,000 francs dans un an. Ma joie est grande, car j'ai à présent le bonheur de pouvoir terminer mon *Ugolin* comme je le désirais.

La lutte avait été longue, acharnée, s'était renou-
velée sous toutes les formes, mais désormais le succès était assuré.

Le groupe terminé, Carpeaux écrivit, en effet, à
notre ambassadeur auprès du Saint-Siége pour le
prier de le venir voir. M. le marquis de La Valette
vint aussitôt avec la princesse Rospigliosi.

Ce fut le feu mis aux poudres. Je reprends le récit
de M. A. Karr. « M. Demidoff, puis une dame an-
glaise demandent à le voir ; ils sortent émus, enthou-
siasmés, et en parlent avec tant de chaleur que toute
la ville assiège l'atelier.

« C'était une file non interrompue de voitures : il
fallut ouvrir les grandes portes de la villa Médicis,
et le custode (portier) revêtit de sa propre autorité
son costume de gala pour recevoir tant de beau
monde.

« C'est ainsi que le groupe d'*Ugolin* fut terminé,
transporté à Paris, exécuté en bronze et placé aux
Tuileries... toujours malgré les règlements. »

L'exécution en bronze ne se fit pas aussi facilement que le pense M. Alphonse Karr.

A son arrivée à Paris, l'*Ugolin*, exposé exception-
nellement à l'École des beaux-arts, au printemps de
1862, fut soumis à la commission de l'Institut qui fit
un rapport défavorable et concluant à ce que le
bronze ne fût pas commandé à l'artiste.

Aussitôt les amis de Carpeaux s'émurent, le maire

de Valenciennes écrivit au ministre d'État, M. le comte Waleski. Carpeaux, informé de la démarche, adressa de son côté au ministre la très belle et noble lettre suivante :

Paris, le 29 mai 1862.

A SON EXCELLENCE MONSIEUR LE MINISTRE D'ÉTAT.

Monsieur le Ministre,

Je viens de recevoir communication du maire de ma ville d'une demande qu'il vous a adressée dans le but de parer le coup que la commission vient de me porter.

Cette intention est partie d'un bon sentiment, mais si j'avais été consulté, je vous avoue, Excellence, que je n'aurais pas donné mon adhésion à cette supplique ; regardez-la, je vous prie, comme non avenue.

J'ai assez de courage pour supporter l'adversité, l'homme n'est grand que par la lutte, et je vous prie de croire que je n'ai pas perdu l'espoir d'un meilleur avenir.

Mon sort est entre vos mains, je le crois assez bien placé pour conserver l'espérance d'être mieux récompensé.

J'attends avec impatience l'audience que j'ai eu l'honneur de vous demander par une lettre du 24 dernier, afin de me confirmer votre décision.

Je suis avec un profond respect, Monsieur le Ministre, de Votre Excellence, le très humble et très obéissant serviteur,

J.-B. CARPEAUX.

Cependant sur le rapport de M. Courmont, chef de la division des beaux-arts, fonctionnaire éminemment bon et juste, qui, aussitôt après la décision négative de la commission, avait au contraire demandé avec instance au ministre de passer outre, la fonte

ÉTUDE D'ENSEMBLE DU GROUPE D'UGOLIN.
(Croquis de Carpeaux.)

de l'*Ugolin* fut commandée. Ce qu'il y a de singulier
dans toute cette affaire, c'est que Carpeaux faisait le
digne M. Schnetz vraiment plus noir qu'il ne l'était.
En effet, informé de l'arrêté ministériel, celui-ci
adressait aussitôt au comte Waleski une lettre dont
Carpeaux ne soupçonna jamais l'existence et que je
suis heureux de reproduire. Elle fait un égal honneur
à celui qui l'a écrite et à l'artiste qui en est l'objet.

Rome, 28 juin 1862.

A MONSIEUR LE COMTE WALESKI, MINISTRE D'ÉTAT.

Votre Excellence voudra bien me pardonner si je prends la liberté
de lui écrire aujourd'hui ; mais M. Courmont vient de m'apprendre
une nouvelle qui me fait un si véritable plaisir que je ne puis résister au désir de l'exprimer à Votre Excellence. C'est la décision
prise par vous, Monsieur le Ministre, au sujet du groupe de Carpeaux. J'avais reçu déjà, il y a quelques jours, une lettre de ce jeune
artiste, dans laquelle il me disait le découragement où l'avait jeté
l'arrêt de la Commission qui condamnait son groupe à n'être exécuté ni en bronze, ni en marbre ; ce découragement était naturel ; il
voyait en quelque sorte sa carrière d'artiste compromise par ce cruel
arrêt.

Ce groupe a été fait à l'Académie, où j'ai pu en suivre l'exécution ; il y a été vu par les artistes les plus éminents et les amateurs
les plus distingués de tous les pays ; tous ont été unanimes à le reconnaître comme une des œuvres les plus capitales exécutées en
sculpture de nos jours. L'opinion si libre et si indépendante de tous
ces hommes d'élite ne pouvait pas être atténuée par la décision de la
Commission. C'est donc, et je prends la liberté de le répéter à Votre
Excellence, avec un bien grand plaisir que j'apprends la décision
bienveillante qu'elle vient de prendre en faveur de ce jeune artiste
digne de son intérêt, en lui faisant allouer une somme de 30,000 fr.

pour l'exécution en bronze de son beau groupe d'*Ugolin*. Cette décision si intelligente ne peut manquer d'être très bien accueillie par
tous ceux qui avaient été si péniblement surpris par la décision de
la savante Commission. J'ai suivi les travaux de M. Carpeaux à
Rome et je puis témoigner qu'au sentiment le plus distingué de son
art, il joint le résultat d'études sérieuses et intelligentes faites sur la
nature, l'antique et Michel-Ange. M. Carpeaux est un artiste auquel
on peut confier les travaux les plus importants sans crainte de l'en
trouver indigne.

Depuis que j'ai l'honneur d'être directeur de l'Académie impériale de France à Rome, j'ai vu passer sous ma direction la fleur
de notre jeune école de sculpture : les Cavelier, Guillaume, Perraud,
Maillet, Gumery, etc., etc. M. Carpeaux par l'intelligence et la
science de son art est digne d'être placé parmi les premiers.

V. SCHNETZ.

Il faut bien le dire, même en dehors de l'Institut,
l'émotion causée par l'*Ugolin* fut beaucoup moins
vive, à Paris, qu'elle ne l'avait été à Rome. Le public
en Italie a le goût d'une certaine pompe que le public français n'estime pas au même degré et paraît
plutôt redouter. Le groupe qui avait passionné la
société romaine fut considéré ici comme le résultat
digne d'éloges d'un très puissant et très noble effort,
comme le témoignage d'une aspiration des plus élevées vers les grandes formes de l'art héroïque : mais
non comme une œuvre absolument parfaite en soi.
On trouva qu'il était entaché d'un défaut capital —
capital pour nos habitudes bourgeoises — l'emphase
et même quelque enflure.

D'autre part, l'artiste, jeune encore, peu familier

UGOLIN ET SES ENFANTS.

avec les divers ordres de la pensée, nous parut avoir
confondu un beau mouvement littéraire avec un beau
mouvement plastique. Dans la version du poëte qui
ne s'adresse qu'à notre imagination, le geste rapide,
instantané, fugitif du père qui porte ses deux mains
à la bouche comme pour les mordre est vraiment
tragique dans sa signification désespérée. Immobilisé pour le regard, dans la version du statuaire,
et fixé par l'éternité du marbre ou du bronze, ce
même geste s'alourdit, paraît redondant ; l'attitude,
sans manquer de grandeur, est mélodramatique et
non tragique.

A nos yeux, dont l'éducation esthétique a été faite
par les maîtres du clair génie français, Carpeaux
semble avoir exagéré, outré jusqu'à la violence la
contraction des muscles de tout le corps et les
forces expressives de la face. Il a rendu le masque
grimaçant de la souffrance physique, là où le poëte
nous avait émus par la seule passion de la douleur
morale causée par l'impuissance du père.

Mais ce qui reste à jamais admirable en cette
œuvre, c'est la construction générale, la science
anatomique des détails qui est incomparable; c'est
plus encore le spectacle émouvant, si profondément
calculé, des résistances que la vie oppose à la défaillance des énergies, à l'invasion de la mort proportionnée, graduée, en ces quatre corps d'enfants, selon
la gradation et la proportion des âges. Les diverses
figures étagées par Géricault sur le radeau de la

Méduse présentent une progression analogue. Dans l'*Ugolin*, voilà le trait de génie. Ce n'est point d'ailleurs le seul trait commun entre l'*Ugolin* et la *Méduse*. J'y retrouve le même respect, par places, et aussi le même affranchissement des traditions académiques ; le même essor d'individualité et aussi la même convention portant sur le même type, celui du vieillard, type d'école que Géricault avait hérité de son maître Guérin et Carpeaux des ateliers de la rue Bonaparte.

Dans l'attitude de l'un des enfants comme dans la figure principale, on retrouve également un souvenir du *Bélisaire* de François Gérard.

Tel quel, malgré l'erreur de conception dans l'expression de la figure principale, quand ce groupe imposant parut en bronze au Salon de 1863, on put constater, comme l'avait déjà fait le comte de Nieuwerkerke, que l'*Ugolin* était une des œuvres capitales de la statuaire française en ce siècle. Carpeaux prit d'emblée sa place au premier rang des artistes modernes.

Nous avons conduit la biographie de Carpeaux jusqu'au terme de la période romaine. Outre l'*Enfant boudeur*, la *Palombella*, le *Pêcheur à la coquille*, l'*Ugolin*, Carpeaux avait fait les bustes de la marquise de La Valette, du marquis de Piennes, qui resta son ami, et de l'architecte Vaudremer. Il préludait ainsi à cette belle série de bustes français que nous pouvons regretter de trouver si nombreuse dans son œuvre, puisqu'elle y usurpa le temps destiné à de plus hautes créations, mais qui n'est pas d'un médiocre intérêt pour l'histoire de ce temps. Il nous reste à le suivre dans la seconde partie de sa carrière à la fois si glorieuse et si douloureuse.

IX.

1862-1866

Rentré en France au printemps de 1862, Carpeaux, semble-t-il. a quelque peine à trouver sa voie. Le retour de Rome, c'est l'heure critique, en effet, pour les lauréats du grand prix qui, après avoir pendant quatre ou cinq ans vécu, produit, affranchis des inquiétudes et des charges de la vie, se trouvent tout à coup placés en face de ce problème inconnu. Le 27 décembre, un de ses jeunes amis de Valenciennes écrivait au peintre Chérier une lettre à laquelle j'emprunte une date et un renseignement intéressant :

Nous avons reçu hier une lettre du grand Carpeaux qui nous annonce entre autres choses son arrivée à Valenciennes pour di-

manche… Le buste en marbre de Mme de La Valette a été cassé par
un praticien maladroit et on a été obligé de le recommencer. Carpeaux
a mis en train un groupe grand comme nature représentant *Paul et
Virginie*. Il doit venir chercher une Virginie à Valenciennes. Gare
à nous !

J'ai sous les yeux, en un rapide croquis à la
plume, daté du 11 mai 1862, une charmante indication de ce motif. Carpeaux avait choisi le moment où les deux enfants sont arrêtés sur les bords
de la rivière Noire. « Le bruit de ses eaux effraya
Virginie; elle n'osa y mettre les pieds pour la passer
à gué. » Le mouvement de Paul soutenant la jeune
fille est celui de la plus pure tendresse; le mouvement de Virginie celui du plus chaste abandon.
Ce groupe ne fut jamais achevé [1]. L'artiste ne fit,
cette année-là, que le très beau buste en marbre de
Mme la princesse Mathilde, œuvre d'apparat plutôt
qu'intime, d'une grande noblesse sous le diadème et
l'hermine, drapé dans la vivante allure des maîtres
du XVIIIe siècle, qui ajoute au portrait la valeur plus
haute de l'œuvre d'art. Une tête d'étude pour ce
buste, fondue en bronze, et qui n'a jamais été exposée, appartient aujourd'hui à M. Alexandre Dumas.
La patine en est superbe. Ce bronze était rentré de
chez le fondeur revêtu de cette affreuse et habituelle couleur chocolat, qui alourdit et empâte

---

1. Déjà depuis longtemps Carpeaux était occupé de ce motif. C'est
le groupe de *Paul et Virginie* qu'il eût exécuté s'il n'avait pu forcer la
main à M. Schnetz et achever l'*Ugolin*.

PAUL ET VIRGINIE.

(Croquis de Carpeaux.)

les formes les plus serrées. Un jour, Carpeaux, impatienté, le trempa rapidement dans un seau d'eau-

S. A. I. MADAME LA PRINCESSE MATHILDE.

forte, dont l'action le décapa légèrement sur les surfaces lisses et colora d'une belle teinte vert-degris foncé les parties rugueuses, profondément fouillées.

Le Salon de 1863, où figuraient l'*Ugolin* en bronze, le *Pêcheur* et le buste de la princesse en marbre, valut à Carpeaux une médaille de 1ʳᵉ classe. Il avait sans doute une ambition plus élevée, car sa correspondance nous le montre à ce moment même toujours épris de son art, mais dégoûté de Paris, qu'il fuit. Un moment même, en avril. il songeait à retourner à Rome, sous prétexte de terminer un bas-relief commandé l'année précédente par le marquis de Cadore pour Mᵐᵉ Blount. Il renonce à ce voyage et se dirige vers le Nord.

> Bruxelles. ce dimanche 26 juillet 1863, hôtel des Pays-Bas, rue de l'Hôpital.

Amico mio,

Quel guignon! je suis malade depuis cinq jours. J'enrage de me voir au lit, au lieu de courir toute cette admirable Belgique et la Hollande. Je suis jaune comme un vieux coing ; j'ai la jaunisse. Un état de langueur (courbature, perte d'appétit) m'avait révélé ce qui m'arrive au début de ma tournée. Je n'y fis pas attention, occupé à visiter soigneusement Bruges, Anvers, Gand. Malines, Ostende. J'avais pris mon installation à Anvers. ville charmante, pleine d'intérêt, où je comptais étudier les Rubens et Van Host.

Je trouve dans ce dernier un accent plus mâle que dans Rubens ; il m'a plus ému qu'aucun autre peintre, à part Memling et van Eyck de Bruges, que j'estime très-fort. Mais cette éducation du premier âge de la peinture ne peut s'appliquer à notre éducation moderne. Le fleuve est devenu une mer immense avec ses orages. Il nous faut la lutte et non le doux commerce du passé où tout semblait simple.

Il nous faut du drame dans la simplicité comme dans les sujets
tristes.

L'émotion est voulue. On ne peut plus faire des figures sans motif, belles pour leur beauté, riches pour plaire. Il nous faut des
Descentes de Croix, des *Jugements derniers*, des *Naufrages de la
Méduse*, des *Massacres de Scio*. L'humanité soulevée comme par
une rafale entrechoquant des générations contre des générations,
comme le vent fait tourbillonner la poussière : voilà, je crois, l'expression de notre époque. — C'est le désespoir !

Tout cela est mal dit, enfantin, excessif dans
l'expression, mais la pensée est forte et comme pro-
phétique, au moins en ce qui le touche.

Heureux ceux qui peuvent vivre du passé et se retremper à la
source vraie du beau dans sa pureté ! Ces figures angéliques pleines
de calme adoucissent mon âme agitée et me font regretter de n'avoir
pas vécu dans cette époque où tout se traduisait par l'amour.

La bile que je me fais vient certainement de la lutte dans laquelle
je suis. Paris surtout m'irrite. La campagne et la mer font sur mon
esprit des impressions poétiques qui me feraient créer de beaux
morceaux. Et dire qu'il faut se trouver dans l'impossibilité de produire où l'on veut ; qu'il faut rester au milieu des omnibus à 15 cent.,
des crinolines, etc.; que c'est là, qu'on veut nous faire rêver ! — Quand
je visitais l'hôpital où Memling a fait une châsse de Sainte-Ursule
si admirable, je me disais : « Voyons est-ce que s'il eût vécu comme
moi, il eût produit tant de chefs-d'œuvre ? » Non ! Eh bien, fuyons
Paris.

L'année 1864 compte à peine dans l'œuvre de
Carpeaux ; il expose le plâtre de la *Jeune Fille à la
coquille*, modèle destiné à fournir pour le commerce
un pendant au *Jeune Pêcheur*. Sans doute, on y retrouve la science de l'artiste, mais la composition

nous apparaît sous l'aspect gauche, embarrassé
d'une réplique imposée par la volonté, par un parti-

JEUNE FILLE A LA COQUILLE.

pris, un calcul de l'intelligence qui n'a rien de commun
avec l'inspiration, qui est contradictoire avec les

belles conceptions de prime-saut. Aussi n'est-il pas satisfait de lui-même.

> Je perds de jour en jour le désir de la lutte parce que mes forces s'épuisent et que la volonté s'en va, écrit-il de Paris le 30 septembre 1864... Je n'ai aujourd'hui que le désir de pouvoir élever des cochons, de charmantes poules, d'avoir un cheval, une vache et surtout une femme que mon art m'a toujours refusée, me réfugier dans la vérité et dans la vraie vie...
>
> En voilà trop pour toi qui conserves la pensée de la lutte. Je t'applaudis de tout mon cœur de tant de persévérance, mais si je pouvais fuir cette vie fiévreuse, je laisserais à d'autres la gloire pour la contemplation de la nature.
>
> Tu aimes la peinture, et moi je l'adore. Mais cette beauté est si difficile à se rendre à nos vœux que je préfère la vie positive.
>
> . . . .
>
> (En post-scriptum.) Tu cries : Vive la peinture ! et moi : Vive la nature !

En réalité, ce grand dégoût ne devait pas tenir devant une sérieuse reprise d'activité ; je ne parle pas seulement du travail matériel, car il faisait alors les bustes de MM. Ernest et Édouard André, du peintre Eugène Giraud, de M. Tissot, consul à Jassi, du comte Welles de La Valette, de Mlle Benedetti. Mais il n'envoya aucun de ces bustes au Salon de 1865 ; il se réservait d'y rentrer avec une œuvre plus importante. En effet, il travaillait avec passion à la statue du prince impérial, en même temps qu'il poursuivait l'idée devenue fixe de se marier.

Paris, ce 30 avril 1865.

Mon cher ami,

> Ta lettre d'hier m'a été bien sensible en m'apprenant que ta vi-

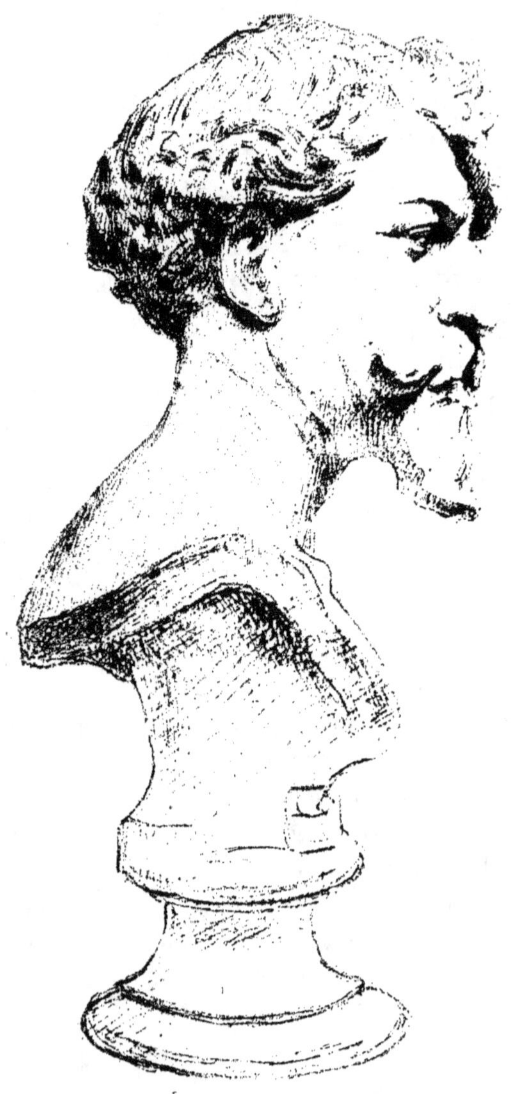

Dessiné par lui-même d'après Carpeaux.

site auprès du père de la jeune personne a pleinement réussi. Merci de tout cœur de l'amitié que tu me témoignes en voulant bien t'occuper de mon bonheur. Je ne sais si j'aurai terminé ma statue du prince impérial pour la deuxième quinzaine de mai, afin de me rendre à l'invitation de ce monsieur ; mais je vais redoubler d'ardeur, afin de ne pas rester trop en retard. Si j'ai besoin d'un délai, tu me l'obtiendras facilement en raison de la situation présente.

Reçois, mon ami, mille remerciements les plus affectueux et espérons un avenir plein d'art, c'est-à-dire de bonheur.

Il n'est plus question de fuir Paris. Tout lui sourit, toutes ses ambitions vont, croit-il, se réaliser.

Paris, ce 3 mai 1865.

Je suis aujourd'hui rassuré sur l'avenir de mon œuvre. Je désespérais il y a deux jours, aujourd'hui, grâce au ciel, et à notre cher maître Michel-Angelo, j'ai vaincu la difficulté.

L'impératrice est enchantée du buste du prince et de la statue : le public applaudit déjà et je me sens encore inférieur à ma tâche ; je veux la pousser plus loin, Dieu aidant. C'est la vie, la fortune de ma mère ; c'est la gloire, c'est aussi le bonheur de mes amis ; car j'oserai dire après cette œuvre tout ce que je pense. Enfin, j'en pleure de joie...

Je ne puis te répondre au sujet des précieuses qualités que tu trouves à Mlle ..... Mon cœur est si pénétré par tes récits que je n'ai plus rien à apprendre, sinon que j'aurai le bonheur d'être accompagné d'un ange sur la terre, si Dieu permet que je puisse plaire à cette adorable jeune fille.

Le lendemain, nouvelle lettre au même ami, toute en effusions, en épanchements lyriques : « Je suis dans le ravissement... J'ai besoin de te dire que j'aime. Ce mot s'adresse à la création tout entière; tout me paraît incomparable de beauté... Je redeviens religieux... Ta lettre me rend à tout jamais amoureux de l'idéal... » Cette exaltation nous frappe d'autant plus que Carpeaux ne connaissait encore la jeune personne qu'il espérait alors épouser que par les lettres de son ami. Je soupçonne que, dans ce débordement de joie, il se méprend lui-même sur ses sentiments, et que cet état intérieur est surtout l'allégresse de l'artiste heureux d'avoir réalisé une belle œuvre. Effectivement, il ajoute en *post-scriptum* : « L'impératrice est très satisfaite (de la statue du prince). L'artiste n'en est pas moins fier. »

Deux jours après, il écrit encore :

Paris, ce 6 mai 1865.

L'impératrice est venue hier me visiter avec une suite nombreuse. Mon succès est définitif et les bravos m'ont rempli de joie. Ah! cher ami, tout était là; mon avenir, tout enfin! Aussi je ne demande plus rien au bon Dieu, sinon de pouvoir partager mes joies avec... et déposer à ses pieds mes satisfactions et mon pauvre cœur. Je crois pouvoir disposer de quelques jours à la fin de la semaine prochaine pour me rendre à l'invitation de M... Si je ne puis me mettre à l'œuvre immédiatement, j'aurai au moins le bonheur de contempler celle dont tu me fais une si touchante image, elle remplira mon âme d'une sainte émotion, et je grandirai sous l'empire de son amour.

Le rêve de Carpeaux quant au mariage ne se réalisa pas. Mais son œuvre — le buste et la statue du prince — reste. En aucune de ses productions, il n'a poussé aussi loin que dans la figure du prince impérial la science et la conscience de l'exécution. Il n'est si petit morceau de cette statue qui ne soit un chef-d'œuvre de construction. L'ensemble est jeune, charmant, d'une élégance exquise. Le marbre,

S. A. LE PRINCE IMPÉRIAL.

enlevé des Tuileries avant la Commune, est aujourd'hui, sauvé de l'incendie, au château d'Arenenberg.

La tête haute, les yeux grands ouverts, le col ferme; debout, en son élégant costume de jeune

garçon de neuf à dix ans ; le bras droit pendant naturellement le long du corps, la main fine et charmante rattachée au poignet par une légère inflexion
d'une courbe exquise ; le bras gauche passé autour
du cou de Néro, qui redresse sa bonne grosse tête
de chien et cherche des yeux le regard de son maître ;
la jambe nerveuse, dégagée sous le bouffant du pantalon retenu au jarret : telle est l'attitude arrêtée par
l'artiste. J'ajoute que le portrait était d'une ressem-
blance pénétrante ; il n'est pas superflu de le dire
quand il s'agit d'un portrait qui vise à être en même
temps une œuvre d'art[1].

En cette même année 1865, Carpeaux achevait,
pour l'église de la Trinité, un groupe qui représente
la Tempérance. Il est perdu sur une des faces latérales du monument, à une hauteur qui le rend
inaccessible aux vues les plus perçantes. Cela ne
laisse pas que d'être fort ridicule et nous interdit
d'en parler. Il avait hésité d'abord entre *la Tempérance* et *la Charité*. Un charmant croquis de la même
date nous montre, en effet, six petits enfants groupés
autour de la figure principale, dans les mouvements
et les poses de la plus touchante confiance et d'un
adorable abandon. L'enfant a toujours remué chez
Carpeaux les sentiments d'une tendresse infinie.

La statue du prince impérial venait de prouver

---

1. L'œuvre de Carpeaux, si parfaite, emprunte comme une illustra-
tion nouvelle au destin du prince impérial, à cette mort héroïque qui
restera l'une des grandes tragédies de la souveraineté dans l'histoire.

que son talent était assez souple désormais pour
passer tour à tour et sans contrainte des œuvres de

LA TEMPÉRANCE.

force comme l'*Ugolin*, de vérité poignante comme
les fils d'Ugolin, de gracilité élégante comme *le*

Pêcheur et *la Jeune Fille à la coquille*, de vérité noble
comme le buste de Mme la princesse Mathilde, de
vérité familière comme le buste d'Eugène Giraud,

LA CHARITÉ.
(Croquis de Carpeaux.)

aux œuvres de charme, de grâce et de parfaite dis-
tinction. Il manquait encore quelques notes pourtant
au clavier déjà si riche dont l'inspiration de Carpeaux disposait à cette heure. La femme, qui fut
dans tous les temps l'éternelle adoration de l'art

statuaire, n'avait pas encore ému son âme d'artiste.
A cette date, 1866, la femme va faire dans son
œuvre sa première et magnifique entrée.

X

1866

LE PAVILLON DE FLORE.

Carpeaux ne se trompait pas quand il fondait, comme nous l'avons vu, tant d'espérances de gloire sur le succès de la statue du prince. La gloire, en effet, ne pouvait lui venir que par les grandes œuvres dont l'occasion lui fut fournie par les travaux d'architecture qui s'accomplissaient dans Paris. Aux Tuileries, le pavillon de Flore venait d'être relevé. Ses deux façades à angle droit allaient se couronner de sculptures décoratives. Celle qui se reflète dans la Seine et d'un crépuscule à l'autre baigne dans la pleine lumière du soleil fut confiée à Carpeaux.

L'ensemble de cette décoration se divise en trois parties : un bas-relief qui occupe extérieurement le trumeau formé par le plein du mur entre les deux fenêtres de l'attique, au-dessus une frise d'en-

fants supportant un fronton circulaire ; enfin le couronnement de ce fronton. — « La France portant la
lumière dans le monde et protégeant l'Agriculture
et la Science, » tel était le sujet principal proposé à

LA FRANCE PORTANT LA LUMIÈRE DANS LE MONDE
ET PROTÉGEANT L'AGRICULTURE ET LES SCIENCES.
(Fronton du pavillon de Flore aux Tuileries.)

l'artiste. Il a assis la jeune et fière figure de la France
sur un aigle aux ailes largement déployées. Elle tient
en sa droite le flambeau symbolique. A ses pieds,
sous sa main tutélaire, deux figures d'homme cou-
chées sur le double rampant du fronton symbolisent,
l'une les travaux des champs, l'autre les travaux de
l'intelligence. Celle-ci, accoudée du bras gauche, me

sure au compas la sphère terrestre ; l'autre s'appuie
des deux bras sur la croupe du bœuf de labour dont
la tête aux yeux doux revient en avant par un heureux artifice de composition. Quelques attributs : là
une ancre, un canon, ici un soc de charrue, la ruche
et le van concourent à préciser le symbole.

Il n'y a pas de description qui puisse éveiller l'idée
de l'harmonie et de la légèreté, de l'aisance et de la
vie que l'artiste sut donner à ce groupe colossal.
Avec son art fait de science et d'imagination il a
inscrit sans raideur dans les lignes mathématiques d'un
triangle ces trois figures principales dont le contraste puissant est calculé par la forme de façon à
ne pas altérer l'unité de l'aspect général. Sur tous les
points, le champ de la composition est rempli sans
vain effort, sans cheville, spontanément. Chaque
détail y est motivé, comme *obligé;* il semble que le
groupe soit sorti d'un jet de la pensée de l'artiste.
Les figures latérales ont, dans leur pondération, la
mâle tournure des figures de Michel-Ange au tombeau des Médicis ; le génie français, celui des pompes
décoratives de notre xviiie siècle — si bien en son
lieu ici et en un tel sujet, — anime l'ensemble, et en
particulier la figure de la France, ce jeune corps
aux formes pleines et pourtant juvéniles et ces hautes
draperies moulées dans le pli du vent.

Au-dessous, une frise de six petits génies portant
des palmes encadre des ouvertures circulaires percées dans le nu de la pierre. Avec une singulière

énergie ils se modèlent dans le soleil, où ils prennent une ampleur extraordinaire et revêtent les chaudes colorations de la vie. En accusant ainsi le relief de cette frise, Carpeaux obéissait à la logique trop souvent méconnue des convenances de l'esprit. A ce lourd fronton il fallait de toute nécessité donner une base qui ne fût pas seulement résistante, mais aussi le parût. De là cette ligne épaisse, chargée en couleur, saillante au regard.

Fût-elle bornée à ces deux premières parties, telle quelle, la décoration de cette façade serait une des belles créations de la statuaire française. Cette œuvre, déjà magnifique, est complétée par un chef-d'œuvre : le bas-relief, par cette adorable figure de Flore agenouillée, pleine de grâces et de sourires, faisant passer sous ses beaux bras étendus une ronde joyeuse d'enfants tournant et trébuchant parmi les roses. Cette chair vit et frémit, le sang de la jeunesse impétueux et riche anime ces tissus, court abondant et chaud en cette pierre vivifiée. Le corps frais, jeune, souple, se meut à l'aise dans les étroites limites imposées à la composition ; de gêne, de contrainte, d'effort on ne trouve nulle apparence en ce mouvement difficile qui semble si facile. C'est que la figure est admirablement construite et proportionnée ; c'est que sous l'enveloppe élastique des muscles et des chairs on devine, on sent le ferme soutien des appuis intérieurs. Je ne sais pas de morceaux plus savoureux en statuaire que la poitrine, les flancs,

l'attache des bras et le genou gauche en saillie de la
jeune déesse. La *Flore,* on ne doit pas craindre de
le répéter, est non seulement le chef-d'œuvre de
Carpeaux, mais au sens absolu un chef-d'œuvre.

Si dans l'ensemble et dans les détails le décor
entier révèle une main de sculpteur, on peut dire
cependant qu'au point de vue de l'effet général il a
été composé comme l'eût fait un peintre. J'ai si-
gnalé le rôle pittoresque de la frise d'enfants, le
calcul logique de ses reliefs lumineux et de ses
fortes ombres ; le groupe de Flore, conçu dans
le même sentiment de couleur, soutient l'effet de
la frise et le prolonge ; il achève de consolider
la base aux fortes résistances sur laquelle repose
le pesant fronton. L'œuvre du statuaire s'attache
à l'œuvre de l'architecte et la revêt de sa vivante
et somptueuse enveloppe comme d'une parure de
gloire.

Le bruit des démêlés de l'architecte et du statuaire nous est revenu ainsi qu'à tous les contemporains. S'il est parfois arrivé à M. Lefuel de traverser nos ponts de la Cité à l'heure où le soleil
déclinant à l'horizon jette de grandes flèches d'ombre
dans le panorama des quais, je ne puis croire qu'en
voyant la silhouette de ce pavillon de Flore qui termine, superbe sous le ciel, la longue façade des palais
souverains, il puisse aujourd'hui regretter la décision qui sur l'heure lui paraissait contrarier l'harmonie de son architecture.

Nous voulons oublier ce dissentiment et n'en retenir qu'un point. Menacé de voir son travail interrompu pour n'être jamais repris s'il ne se soumettait à certaines exigences de sagesse, d'ordre et

PREMIÈRE PENSÉE DU FRONTON DE FLORE.

(Croquis de Carpeaux.)

d'unité architectoniques sans doute légitimes en principe, mais dans le fait excessives, Carpeaux un jour porta le débat devant l'empereur. Le lendemain, aux premières heures du matin, enfermé dans sa haute logette, il contemplait découragé la grande tâche

déjà accomplie, peut-être en pure perte, lorsqu'il en-
tendit un pas lent qui gravissait les longues échelles.
Quelques moments après, Carpeaux recevait Napo-
éon III au seuil de son atelier. Et l'œuvre fut main-
tenue en sa place.

C'est ici le lieu de parler des rapports de Carpeaux avec la cour impériale. On se rappelle sans
doute que sa première rencontre avec Napoléon III
eut lieu dans de singulières conditions, péniblement
préparées par l'artiste, sur un palier d'escalier, à
l'Exposition d'Amiens, en septembre 1863. C'est, je
crois, par le marquis de Piennes, son compatriote,
chambellan de l'empereur et dont il avait fait le buste
à Rome, qu'à son retour d'Italie il fut présenté aux
Tuileries, et par la marquise de La Valette à Mme la
princesse Mathilde. La chronique, qui par état ne se
pique guère de rien respecter, s'est fort égayée jadis
des manques d'usage de ce parvenu. On les a beaucoup exagérés, on en a surtout inventé ; et les gens
d'esprit étroit que gênait la faveur dont il était l'objet
faisaient des gorges chaudes d'incidents purement
imaginés et qui n'avaient même point, pour ceux qui
connaissaient Carpeaux, le petit mérite de la vrai-
semblance. Si l'étiquette des cours ne lui était pas
familière, il avait trop de vrai respect de lui-même
et de ses hôtes pour se laisser aller aux actes de
gamin qu'on lui attribue. Est-il admissible que l'artiste eût pénétré dans certaines intimités aux som-
mets du rang social, qu'il y fût resté, qu'on lui eût

confié la direction du goût dont témoignait le prince
impérial pour les arts du dessin, s'il eût été le gros-
sier personnage qu'on prétend nous montrer? Comme
un jour nous le disait, avec un sens très haut des
choses humaines, le prince Stirbey qui le connaissait
bien, qui l'avait tendrement confessé sur tous les
points, qui se fit si généreusement le consolateur et
le soutien de ses dernières détresses, la vérité est
que le souverain issu du suffrage populaire aimait
en Carpeaux, plus encore peut-être que l'artiste,
l'homme du peuple homme de génie. Aussi eut-il
quelque joie à signer le décret du 13 août 1866 qui
nommait le statuaire de l'*Ugolin* et du pavillon de
Flore chevalier de la Légion d'honneur.

C'est par erreur qu'un biographe de Carpeaux
lui attribue l'exécution du monument de Greuze à
Tournus en cette même année 1866 si féconde sans
cela et qui imposa le talent de l'artiste comme celui
d'un maître.

XI

1866-1868

LE GROUPE DE *LA DANSE* A L'OPÉRA. — LA TACHE D'ENCRE.
BUSTES.

Si la loi du progrès est de ne se tenir jamais pour satisfait de l'œuvre accomplie, personne, je crois, ne l'observa plus fidèlement, avec une plus sincère modestie que Carpeaux. Aux félicitations d'un ami à l'occasion de ses envois à l'Exposition de Lille, il écrit (27 janvier 1867) :

> Merci de ton souvenir. Dans mes œuvres le passé promettait plus. Tout ce que tu vois à Lille est bien médiocre. Que suis-je auprès de Michel-Ange ? Où est mon tempérament ? Où sont mes inspirations poétiques ? En un mot, qu'ai-je fait depuis mon retour en France ? Rien. Je suis désolé, car je me vois enfermé dans un cercle de fer que je ne puis briser. Baste ! je sauterai par-dessus à un moment donné.

Ce n'était pas le moment de défaillir, en effet. M. Ch. Garnier, l'architecte du nouvel Opéra, allait lui confier l'exécution de l'un des quatre groupes de la façade, la *Danse* qui devait créer à Carpeaux tant d'ennemis et tant d'admirateurs, qui fut l'occasion de tant d'événements et de telles polémiques, l'objet d'attaques si violentes, si passionnées, et bruyantes à ce point que la malveillance, allant contreson but, fit à l'artiste une popularité sans limites.

Dans le beau livre qu'il a consacré au nouvel Opéra, l'architecte a raconté longuement et dans les termes de la plus généreuse sympathie pour Carpeaux l'histoire très complète de ce groupe. C'est là qu'il faut la lire.

La première esquisse n'étant pas d'accord avec le programme donné, M. Garnier soumit un projet plus arrêté à celui qu'il appelle quelque part « la terreur des architectes ». Je passe la parole à M. Garnier:

Immédiatement il prit une plume, un bout de papier, et, en un instant, traça quelques lignes se coupant à merveille, quelques mouvements se composant le mieux du monde, et bref, cinq minutes après, son groupe était trouvé! c'était à peu de chose près l'indication de celui qu'il a exécuté plus tard et qui a fait tant de bruit dans le monde!

Carpeaux fit donc une esquisse d'après ce premier croquis, mais en y ajoutant plusieurs figures et en en ajoutant même, je crois, une chaque jour ; de sorte qu'à un instant donné, il y en avait *dix-sept!* Il fallut bien en rabattre et revenir à la première idée plus simple, bien qu'encore assez mouvementée. Carpeaux commença alors le modèle à moitié d'exécution, toujours avec la tendance à augmenter le nombre des figures, toujours avec la même résistance de ma part pour qu'il se bornât à cinq ou six ; toujours avec la même propen-

sion à donner à son groupe des dimensions absolument exagérées ;
toujours avec la même opposition de mon côté à ce qu'il ne dépassât
pas par trop les mesures fixées ! Le combat fut long et acharné. Le
sculpteur ne voyait plus guère alors que son œuvre sans se préoccuper du monument ; l'architecte voyait encore l'édifice, mais se laissait entraîner par la fougue du statuaire !... celui-ci mettant à droite

PREMIÈRE PENSÉE DU GROUPE DE LA DANSE.

(Croquis de Carpeaux.)

et à gauche, par-dessus et par-devant, des guirlandes flottantes, des
draperies échevelées, des fleurs en tourbillons ; celui-là insistant pour
que les lignes extérieures fussent plus sobres, plus calmes, et dé-
montrant en somme que toutes ces accroches évaporées, ces jets
d'accessoires se briseraient infailliblement un jour ou l'autre. Carpeaux n'était pas foncièrement entêté, et lorsqu'il avait saisi les raisons pratiques qui s'opposaient à telle ou telle composition, il revenait volontiers à plus de retenue... pour quelques jours au moins ;
car son ardeur l'emportait encore dès qu'il se trouvait seul avec son
modèle. Que de lettres nous nous sommes écrites à ce sujet ! que de
conférences nous avons eues sur ce point ! Enfin il arriva que, mal-

gré ses désirs, je pus faire diminuer la largeur du premier groupe de plus d'un mètre, et que, malgré les miens, il put l'augmenter de plus de cinquante centimètres au delà des dimensions données.

Je ne sais lequel de nous deux fit un plus grand sacrifice en cédant ainsi à l'autre ; ce que je sais, c'est que, pour ma part, j'étais absolument décidé, si Carpeaux ne voulait pas m'écouter, à le laisser aller à sa guise. Je trouvais son modèle superbe ; j'étais émerveillé de sa composition si vivante, du modelé palpitant de ses figures d'argile, et, somme toute, je me disais : « Eh bien, si le monument pâtit un peu de l'exubérance de mon sculpteur, ça ne sera qu'un petit malheur ; tandis que ça en ferait un grand si, m'entêtant dans mes idées, je privais la France d'un morceau qui sera certes un chef-d'œuvre. » Je pensais ainsi lorsque je voyais le modèle en argile, ce modèle, selon moi, bien supérieur à l'exécution ; mais je pense encore de même maintenant, et je ne crois pas que j'eusse le droit, devant cette espèce de jaillissement sculptural, de m'opposer à une création puissante, personnelle, et qui, malgré les critiques qui peuvent lui être adressées, est et sera toujours pour tous une œuvre hors ligne, et pour quelques-uns un chef-d'œuvre !

L'histoire de l'art français gardera le souvenir de l'attitude parfaite prise par l'éminent architecte dans toute cette affaire du groupe de *la Danse*.

Qui n'a présent à l'esprit la grande vision de ces belles filles, — des filles de Rubens, — emportées dans le mouvement vertigineux de leur saltation passionnée ? Dominant ce vertige, un dieu jeune, calme, ailé, souriant, s'élève pur et blanc dans la lumière du ciel. Du geste il mène le chœur affolé des danseuses et règle leurs pas ; il en scande le rythme au son claquant et crépitant d'un tambourin sonore garni de crembales. A ses pieds, un petit génie à demi renversé agite joyeusement les grelots d'une folle

LA DANSE

(Groupe de la façade du Nouvel Opéra)

marotte. Et les corps s'entraînent, les mains s'en-
chaînent, les bras s'enlacent, les pieds bondissent,
les durs talons retentissent sur l'arène qu'ils frappent
en cadence, les jambes se croisent, les jarrets ploient
tour à tour et se redressent comme des ressorts
d'acier, les reins se tordent, se tendent et se cour-
bent, les hanches s'accusent, les poitrines se gonflent,
les seins se soulèvent, les têtes se renversent, les
lèvres s'ouvrent, les narines palpitent, les yeux rient
clos à demi, les profils, les faces, les dos nus des
femmes apparaissent tour à tour en cette gymno-
pédie puissante et se mêlent parmi les évolutions et
les exultations de la ronde.

Ce n'est point la danse française, celle de l'Académie de musique, la danse correcte et grêle des
Taglioni, des Livri. Non, sans doute. On en a fait
un reproche à Carpeaux, reproche injuste. Son génie
très épris des aspects de la vie moderne non plus
que sa main qui connaissait toutes les audaces
n'eussent reculé devant les difficultés esthétiques du
jupon court et du maillot. Mais imagine-t-on la
plastique du ballet contemporain figurant auprès
des groupes classiques de MM. Guillaume, Perraud
et Jouffroy? — Ce n'est point non plus la danse
grecque, a-t-on ajouté. Je ne vois pas bien quelle
raison de convenance pouvait conduire le statuaire
à nous restituer la représentation de la danse grecque
en plein XIXe siècle, au cœur de Paris, au seuil d'un
monument qui n'affecte en aucune façon les rigidités

du style grec. Et puis de quelle danse grecque
veut-on parler? S'il me plaisait de faire de l'éru-
dition, il me serait facile d'en nommer au courant
de la plume une vingtaine, de caractères différents ;
et dans le nombre beaucoup échappaient à la sérénité
gelée que bien gratuitement on attribue à la danse
grecque en général.

Non, les danseuses accoutumées aux feux de
bengale de l'Opéra français, les batteuses d'entrechats, les ballerines renommées pour les pointes,
les pliés, le parcours ou le ballon ne sauraient se
reconnaître dans l'œuvre de Carpeaux. Les figures
de son groupe, j'en conviens, ne montrent pas ces
maigreurs spéciales, ces déformations profession-
nelles [1]. Cela tient, faut-il donc le dire, à ce que les
danseuses de Carpeaux ne sont pas des danseuses,
mais tout simplement des femmes qui dansent. Ces
femmes ne chancellent pas, comme on l'a donné à
entendre, parmi les capiteuses fumées du pressoir.
Il n'y a là ni basse orgie, ni violence brutale, ni
grossière volupté. — On a parlé d'ivresse. Soit.
C'est donc la seule et juvénile ivresse du mouvement, celle d'une force accumulée se déployant
dans l'exercice et le jeu de ses puissances, dépen-
sant le superflu de ses énergies physiques, cédant à
l'irrésistible impulsion d'une vitalité surabondante.

1. C'est à l'œuvre des plus remarquables et trop peu connue d'un
peintre, M. Degas, qu'il faut demander l'expression saisissante de ces
curieuses réalités.

Est-ce là vraiment la chorégraphie des décadences? Point du tout. J'y vois, au contraire, la danse magnifique en ses élans et toute spontanée de la primitive créature humaine arrivée au complet épanouissement de ses beautés et de sa santé. Femmes et filles des premiers-nés de la terre, elles trouvent d'enivrantes jouissances dans la pleine et libre et souple fonction de leurs organes, dans les résistances vaincues, les élasticités éprouvées, les équilibres surpris de ces mille ressorts et leviers que met en action la fougue d'un sang généreux, jeune, voisin encore de ses origines. S'il me fallait désigner le rythme musical de *la Danse* de Carpeaux, je prendrais celui de la ronde des Titans de Beethoven et qui porte le nom de « Ronde de paysans » dans la *Symphonie pastorale*.

Cela dit, il faut bien avouer que l'œuvre détonne et déborde dans les coquetteries du cadre. Mais pourquoi serions-nous plus exigeants que l'architecte qui en prend noblement son parti !

Son Opéra terminé, Carpeaux était ruiné. « Que veux-tu? écrivait-il à un ami. On travaille pour l'honneur ou pour l'argent. Je paye l'honneur en abandonnant l'argent. » Et en effet la rémunération attribuée à l'exécution des groupes de la façade suffisante pour tout autre ne l'était point pour l'artiste que j'ai vu démolissant en quelques heures, parce qu'il se croyait mieux inspiré, de grandes parties de composition qui l'avaient occupé pendant plusieurs semaines et qu'il recommençait sur de nouveaux frais[1]. Je parle du travail de la terre, bien entendu. Le travail de la pierre ne lui fut pas moins onéreux. M. Garnier le constate :

Là où ses voisins avaient payé douze ou quinze mille francs de pratique, il payait au moins le double à la journée, aucun praticien n'ayant voulu consentir à s'engager pour la reproduction d'un groupe si mouvementé, si plein de trous, et offrant tant de difficultés de mise au point. Les jours passaient donc, les praticiens avançaient lentement, bien que **Carpeaux** fût toujours au milieu d'eux, travaillant lui-même du compas et du ciseau. Ses ressources pécuniaires s'épuisaient, et l'artiste avait déjà reçu le payement total de son groupe que celui-ci n'était pas encore près d'être achevé ! Je pus obtenir du ministre une assez grosse somme supplémentaire, qui resta entre mes mains et avec laquelle je payais, par huitaine, les

1. Je puis citer un autre témoignage du scrupule constant que Carpeaux apportait à ne laisser sortir de ses mains aucune œuvre dont il ne fût satisfait. Au mois de juillet 1870, Edmond de Goncourt, me sachant lié d'amitié avec l'artiste, me chargea d'obtenir de lui qu'il fît, pour la tombe de son frère Jules, qui venait de mourir, un médaillon en bronze, grandeur nature. A ce sujet, Carpeaux m'écrivait le 7 juillet : « Mon cher ami, je ne puis quitter mon atelier en ce moment. Si vous voulez m'envoyer les documents nécessaires à l'exécution du médaillon, je m'en chargerai avec d'autant plus de plaisir que ma sympathie la plus vive était acquise à ces charmants de Goncourt. — Cependant je tiens essentiellement à ce qu'il me soit permis de détruire mon œuvre si je n'en suis pas satisfait. Je veux qu'elle soit belle et vivante. — A bientôt, n'est-ce pas ? Mille amitiés. » Le médaillon ne fut pas fait. « Il est arrivé ceci, me dit Edmond de Goncourt. Je vis Carpeaux, il vint même à Auteuil et, chez moi, se montra si mélancolique d'avoir à travailler d'après des documents morts, des photographies, des lithographies, que je dus renoncer à cette effigie qui me tenait à cœur ; car pour moi Carpeaux est le grand artiste de la moitié du XIXe siècle... »

praticiens attachés au travail et qui avaient refusé de continuer s'ils
n'étaient pas certains de leur salaire. Je mis moi-même ma petite
bourse à la disposition du statuaire ou plutôt de ses praticiens. Je
fis faire par le ministère de nouvelles avances pour des travaux ulté-
rieurs prévus dans la décoration de l'Opéra. Enfin je m'arrangeai
de mon mieux pour venir en aide à l'artiste, qui méritait amplement
cette sollicitude par le dénûment dans lequel il se trouvait, et que
lui avaient causé les dépenses imprévues attachées à l'exécution de
sa grande œuvre. Mais le temps passait, augmentant chaque jour la
dette de Carpeaux, réduisant chaque jour ses ressources, et il y aurait eu réellement cruauté et injustice à exiger de ce vaillant statuaire des sacrifices plus grands que ceux qu'il s'était déjà imposés.
J'ai reçu de lui à cette époque des lettres vraiment douloureuses sur
sa situation; et après que chacun eut fait de son mieux par suite du
mauvais pas où l'on se trouvait, ministère, sculpteur et architecte, il
fallut bien s'arrêter! L'argent manquait de tous les côtés à la fois.

Dans ces conditions l'œuvre fut livrée au public
sans être complètement achevée. De là des rudesses
excessives et des brutalités de ciseau qui laissent le
groupe définitif moins parfait que le modèle en
demi-grandeur d'exécution. L'approche du concours
pour le prix de cent mille francs qui, fondé par
l'empereur sur sa cassette particulière, ne fut
décerné qu'une fois, contribua aussi à presser l'artiste. Il lui eût été facile de prévoir que jamais une
œuvre à ce point personnelle, originale, caractéristique, moderne et passionnée ne se concilierait
les suffrages du jury. La passion s'en mêla, d'é-
tranges pudeurs se crurent alarmées, la haine politique s'y ajoutant ainsi que la question religieuse,
qu'on est surpris de voir paraître en cette affaire

d'Opéra, l'envie brochant sur le tout : lorsque le groupe fut découvert, les attaques les plus brutales se produisirent, sous prétexte de convenances violées et de morale outragée.

A l'aube du 28 août 1869, le premier feu de la discussion paraissait apaisé, un surveillant des travaux faisant sa ronde matinale aperçut une énorme tache d'encre au flanc de la figure qui se voit de face au centre du groupe. A côté du piédestal, cet employé ramassa les débris et le bouchon d'une de ces petites bouteilles d'encre que les papetiers vendent 15 centimes. Lancée de la place par-dessus la clôture en planches qui bordait encore la façade de l'Opéra, la bouteille s'était brisée en mille pièces, l'encre s'était étalée en large maculature sur le ventre et le haut de la cuisse droite, avait éclaboussé de taches noires le poignet droit de la même figure et piqué d'innombrables mouchetures la main gauche et les jambes de la figure voisine. Il y a dans Paris un obscur gredin resté inconnu qui ne se vantera jamais de la vilenie qu'il a commise dans la nuit du 27 au 28 août. Ce lâche attentat provoqua aussitôt une réaction générale, toute en faveur de l'œuvre jusqu'alors mal appréciée. Après de patientes expériences, M. Garnier put enfin faire disparaître les marques de cette souillure. L'architecte de l'Opéra a raconté comment, après l'émotion causée par l'apparition et l'enlèvement de la tache, les ennemis et les opposants du groupe, qui s'étaient un peu calmés,

recommencèrent leur campagne de plus belle. « Les lettres, les rapports, les récriminations furent de nouveau mis en œuvre, dit M. Garnier, et l'on fit tant et si bien que le maréchal Vaillant, poussé par en haut, tiré par en bas, entraîné de tous les côtés, décida enfin, malgré mes instances, que le groupe de Carpeaux serait retiré et qu'un autre plus convenable et de proportions plus satisfaisantes le remplacerait. » Carpeaux résista, la lutte fut longue; officiellement il fut vaincu, un autre groupe, — sur le refus de l'artiste de composer une nouvelle œuvre, — fut confié à un autre statuaire. Pendant ces pourparlers le temps suivait son cours, les événements se précipitaient : la guerre, la Commune, l'incendie de l'ancien Opéra, la mort de Carpeaux. Étant donnée aussi l'habile et généreuse diplomatie de M. Charles Garnier, on peut espérer désormais que le groupe de *la Danse* demeurera à sa place sur la façade de l'Opéra aussi longtemps que l'Opéra lui-même est appelé à durer [1].

En ces années 1867 et 1868, tout entier à cette œuvre, Carpeaux fit cependant le buste exquis de Mme la duchesse de Mouchy et celui de M. Raimbaud, l'écuyer de l'empereur, qui quelques mois auparavant, à la revue du 6 juin 1867, avait eu son cheval tué sous lui en se plaçant entre l'empereur de Russie et la balle d'un assassin. Il méditait en

1. Voir dans la seconde partie le Chapitre : *La place du groupe de* la Danse *à l'Opéra*.

L'AFRIQUE ET L'AMÉRIQUE

(Statue du jardin du Luxembourg)

L'EUROPE ET L'ASIE

Figures de la fontaine de l'Observatoire

XII

1868-1869

LA FONTAINE DE L'OBSERVATOIRE.
LE MONUMENT DE *WATTEAU*.
BUSTES. — SENTIMENTS RELIGIEUX DE CARPEAUX.
SON HUMANITÉ, SA BONTÉ. — SON MARIAGE.

Je conserve dans un de mes carnets les premiers croquis de cette fontaine, tracés en chemin de fer entre Saint-Cloud et Paris. Peu de temps après Carpeaux m'écrivait :

Ce dimanche. — Mon cher ami, vous aviez bien prévu que je ne serais pas libre aujourd'hui. Davioud vient demain à la première heure pour voir le projet définitif de la fontaine du Luxembourg. Ce projet est enfin trouvé. Galilée m'a mis sur la voie en disant : *La terre tourne !* J'ai donc représenté les quatre points cardinaux tournant comme pour suivre la rotation du globe. Leurs attitudes suivent leur disposition polaire. De sorte que j'ai une face, un trois quarts, un profil et un dos. Vous verrez cela et j'ose croire que vous en serez satisfait...

Dans l'exécution vraiment définitive que la force des choses retarda jusqu'en 1871, ce qu'il y avait d'un peu vague encore dans la pensée de l'artiste se précisa. Aux quatre points cardinaux il substitua les quatre Parties du monde soutenant la sphère céleste et tournant avec elle d'orient en occident. Je crois qu'il y a dans la disposition une erreur cosmographique des signes du zodiaque qui forment la ceinture de l'écliptique et paraissent disposés à l'inverse de l'ordre réel. S'il en est ainsi, nous le constatons non sans quelque regret, car il eût été facile à Carpeaux d'observer les convenances scientifiques au lieu de les enfreindre. Au temps où nous sommes, temps de critique et nullement de naïveté, de telles erreurs doivent être soigneusement évitées, et il en coûte peu de le faire. Légères pour nous, qui ne considérons que l'œuvre d'art, elles sont assez sensibles pour affecter d'une façon désagréable et avec raison les esprits ordonnés. Le contre-sens commis ici est d'autant plus fâcheux que la pensée mère de la composition était précisément de symboliser le mouvement astronomique de la terre.

Une négresse aux lèvres lippues, à la chevelure courte et laineuse, une Indienne coiffée de la traditionnelle couronne de plumes des Incas, une Chinoise aux tempes rasées, une Européenne à la chevelure souple, soyeuse, disposée en boucles flottantes, représentent les Parties du monde. D'un mouvement concerté, elles gravitent autour d'un axe

idéal en portant sur leurs épaules et soutenant de
l'étreinte de leurs mains levées les grands cercles
d'une sphère armillaire au centre de laquelle on voit
le globe terrestre.

Aux accents énergiques et profonds du modelé,
on reconnaît avec quelle ardente curiosité les types
ont été cherchés et réalisés. Cette ardeur prouve
combien Carpeaux était sincère dans son observation
de la réalité sous toutes ses formes et quand il
insistait auprès de ses rares élèves sur l'importance
des études ethnographiques. En cette œuvre, ce
n'est pas seulement le caractère physiologique de
chaque race qui a sollicité son attention. Visi-
blement il a voulu par l'attitude et l'expression des
diverses figures indiquer aussi leur caractère moral.
Son Europe, sûre de sa force, marche toute droite,
d'un pas ferme, calme et mesuré. Des quatre por-
teuses du faix cosmique, elle est la seule qui, d'un
geste aisé, noble, sans effort, porte les deux mains à
la besogne commune. Il semble qu'elle y suffirait.
La tête haute, les yeux levés vers l'espace sidéral,
elle rappelle le beau texte d'Ovide : *Os homini sublime dedit, cælumque tueri jussit.* — L'esclave noire
aussi regarde le ciel, mais non du même regard. Le
sien est animé par une sorte de farouche reconnaissance pour la liberté qui vient de lui être rendue.
Ne porte-t-elle pas encore aux malléoles les fers
brisés de la traite abolie ? Sans grand effort d'interprétation, je pense, on trouverait également un sens

symbolique dans l'attitude écrasée de l'Asie, dans les flexuosités et les allures serpentines de l'Amérique. On ne me suspectera pas de prêter à Carpeaux des intentions qu'il n'a pas eues, si l'on veut bien se souvenir qu'au Salon de 1869 il exposait un buste d'étude pour la figure de négresse de la fontaine et qu'il avait gravé sur le marbre du socle et répété au livret ces mots : « Pourquoi naître esclave ? » Nous ne pouvons oublier d'ailleurs qu'il fut jacotiste et resta jusqu'à la fin fidèle à « la méthode » qui recommande instamment à l'artiste de faire toujours en son œuvre acte de synthèse.

Quand le modèle de la fontaine du Luxembourg fut exposé au centre de la grande nef, au palais des Champs-Élysées, le contraste de cette composition vivante, mouvementée, étrangère aux routines, était si grand avec la froide correction des autres statues qu'il parut trop remuant et comme désordonné. En place, à l'extrémité des petits jardins du Luxembourg, vis-à-vis de l'Observatoire, il a repris dans l'action la juste mesure. Et pourtant, ce n'est pas sous cet aspect du bronze patiné de vert antique que Carpeaux avait « rêvé » ce groupe. Son plus cher désir — il me l'a souvent confié — eût été qu'au-dessus de la vasque où hennissent les chevaux de bronze de M. Fremiet, la gravitation des quatre figures s'accomplît dans la pure lumière et les transparences du marbre blanc. La sphère, le zodiaque et les grands cercles eussent été en bronze doré,

« POURQUOI NAITRE ESCLAVE? »

couronnant ainsi de brillants et plus chauds éclairs
de couleur le neigeux éclat des grandes figures de
femme. Son vœu repoussé, il demanda que les
« quatre natures », comme il dit dans sa langue si
expressive, reçussent une patine d'un ton analogue
à celui de chaque race représentée. « Comment
faire, écrit-il à M. V. Bernard, pour obtenir que
Davioud consente à me laisser patiner mon groupe
comme je l'ai rêvé, dans la coloration des races?
Je vous confie cette mission, celle de lui prouver
combien la forme et les lignes gagneront à être
distinguées par les teintes. Je vois d'ici l'affreux
cirage vert empâtant la forme et la souplesse des
détails. » Grâce aux moyens de la galvanoplastie,
rien n'était plus facile que de donner satisfaction à
l'artiste. Cela ne s'étant jamais fait en sculpture
monumentale, cela ne se fit point. Quand la routine
a pris possession d'une école, elle la tient bien, et
les artistes les plus intelligents — et certes M. Davioud est de ceux-là — ne s'en dégagent pas aisément.

La fontaine du Luxembourg est la dernière
grande œuvre de Carpeaux, mais non sa dernière.
En 1869, il réalisait un vœu personnel longuement
caressé. Une dizaine d'années auparavant, en mai
1860, lorsqu'il venait d'exposer le *Petit Pêcheur* et
préparait l'*Ugolin,* il avait écrit à M. Bracq, son ami
et maire de Valenciennes, une belle lettre que j'emprunte au discours prononcé sur la tombe de Carpeaux par M. J.-B. Foucart :

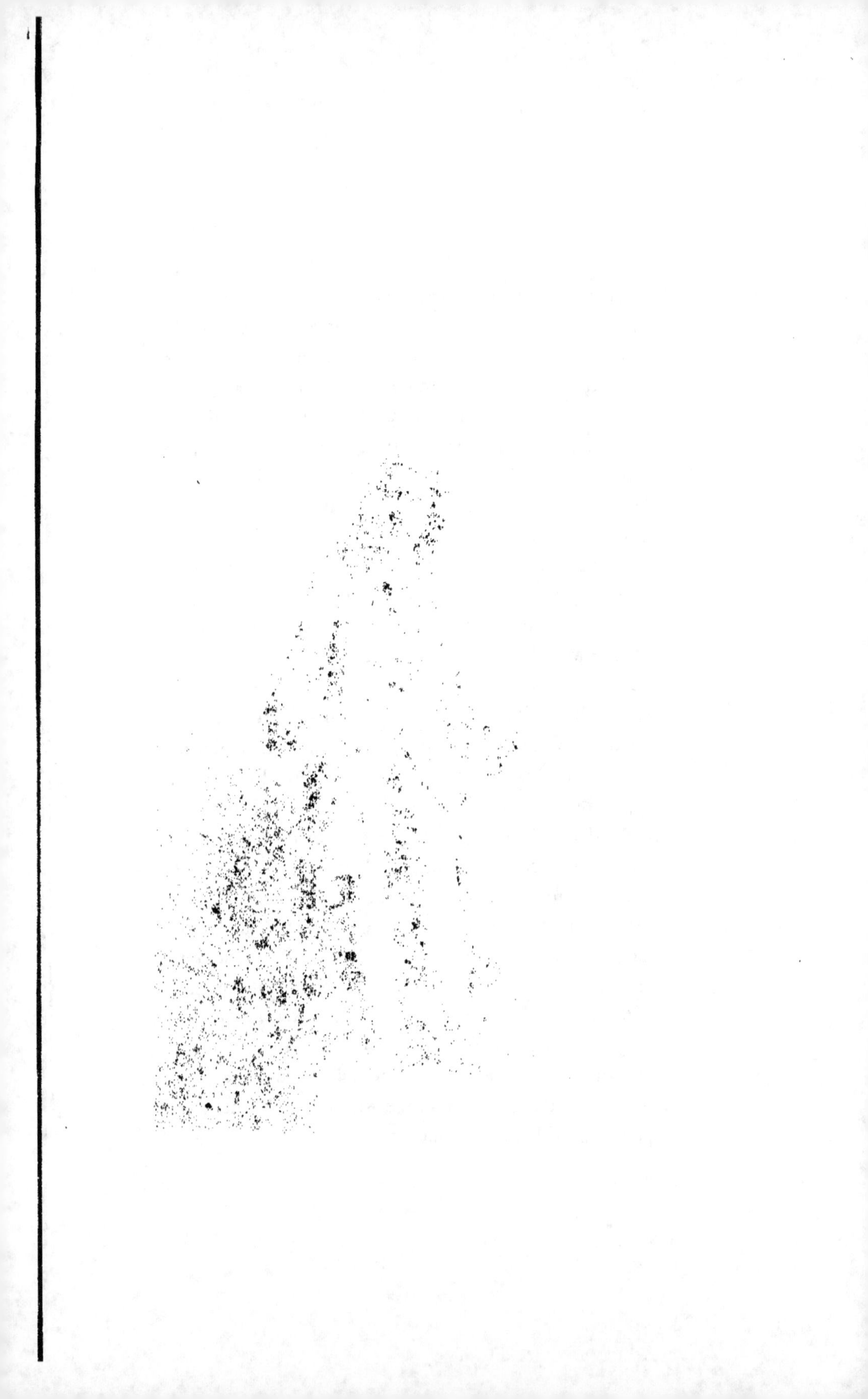

Monsieur le Maire. En quittant Valenciennes pour aller reprendre à Rome le grand travail que j'y ai laissé interrompu, je viens vous prier d'exprimer au Conseil municipal toute ma gratitude pour la bienveillance avec laquelle il a accueilli l'offrande que je devais à ma ville natale de la première d'entre mes œuvres que je crois digne de l'avenir.

Dans la noble mais difficile carrière que j'ai embrassée, j'eusse rencontré dès mes premiers pas d'invincibles obstacles si Valenciennes n'avait été pour moi une seconde mère. J'ai donc contracté envers elle une dette de reconnaissance dont je ne perdrai aucune occasion de m'acquitter.

Mon rêve a toujours été non seulement de déposer, soit au Musée, soit à l'Académie, dans une salle que je prierai le Conseil municipal de leur réserver, un exemplaire de chacune des œuvres que je produirai désormais, mais encore de laisser à Valenciennes une marque en quelque sorte plus spéciale de ce que je sens et de ce que je puis, en m'efforçant de faire revivre d'une façon digne de son gracieux génie le plus illustre des artistes valenciennois, Antoine Watteau. Défigurée jusqu'à présent plutôt que reproduite par des praticiens vulgaires, la physionomie de l'ingénieux auteur de tant de ravissantes toiles qui ont opéré l'union de l'école flamande à l'école française, attend encore son interprète.

Le jour où Valenciennes voudra faire pour Watteau ce qu'Amsterdam a fait naguère pour Rembrandt, j'aime à espérer qu'elle me confiera ce soin pieux...

Je serais heureux, monsieur le Maire, que mon offre fût accueillie, maintenant que je suis à l'âge où pour l'ordinaire les artistes produisent leurs plus belles œuvres ; je brûle de ne pas laisser passer sans rendre hommage à notre mère commune et à Watteau les belles années où lui-même a eu de si délicates inspirations.

Après avoir achevé le modèle de son Watteau, si élégant et si fin, il couronnait le fronton de l'hôtel de ville de Valenciennes par une belle figure au geste héroïque, représentant sa chère ville « repous-

par ces longues files de marbres et de plâtres ina-
nimés, mon dernier regard était pour ce bronze
extraordinaire, pour ce foyer de vie, où le maître
avait fixé pour les siècles l'intense activité intérieure
de l'homme moderne.

Le modèle était superbe. Petit, maigre, osseux,
anguleux, bilieux, nerveux, d'apparence chétive, le
teint basané, les cheveux noirs, naturellement bou-
clés, portés en broussaille sur le front très bas; sous
d'épais sourcils, de fort beaux yeux, dont le regard,
le plus souvent indifférent aux choses extérieures,
semble fixé au dedans par la réflexion; un nez en
bec d'aigle; les pommettes saillantes; la lèvre tordue
et charnue sous la moustache courte, tombante,
accentuée d'une virgule; le menton énergique; un
air étrange, comme primitif, naïf, barbare et mouton,
affiné par un mélange d'arabe, de florentin, de by-
zantin et de mouffetard. Tel était M. Garnier.
Avec quelques rides de plus et quelques plis se
peaussant au long des maxillaires et des fils d'argent mêlant leurs soies blanches à l'astrakan de sa
chevelure, tel il est encore. Type admirable, où
Carpeaux a trouvé un chef-d'œuvre.

L'année suivante, il nous montrait l'adorable
marbre de Mlle Eugénie Fiocre, et un buste d'un
puissant et profond sentiment, une *Mater dolorosa*,
qui, avec quelques croquis de *Vierges* et une maquette de Christ, nous laissent le regret que Carpeaux n'ait jamais eu occasion de traiter quelque

BUSTE DE MADEMOISELLE EUGÉNIE FIOCRE.

grand sujet religieux. Par le talent, par l'intelligence, par le cœur, par sa foi même il réunissait toutes les conditions nécessaires pour traduire la sublime agonie du Crucifié.

Au sujet de sa foi, on a raconté qu'au moment de concourir pour le prix de Rome, il entra un jour dans l'église Saint-Sulpice et en sortit en disant : « La Vierge m'a promis que si je travaillais j'aurais le prix. » Il y en a d'autres témoignages. D'une lettre à M. Bernard, j'extrais cette déclaration si formelle : « J'aime avec naïveté. Je crois de toutes les forces de mon âme et j'adore avec recueillement tout ce qui s'élève vers Dieu. » Qui, parmi ses amis, ne lui a entendu maintes fois répéter : « Oh ! moi, je suis un croyant. »

Dans une maison amie, on disait de lui : « Il est enragé de catholicisme. » A l'un de ses élèves, il disait dès 1867 : « Si jamais je suis malade, n'oublie pas d'aller me chercher un prêtre. » A la fin de sa vie, il se fit envoyer et voulut lire les *Confessions* de saint Augustin.

Les traits de bonté, de charité sont quotidiens dans son existence. Jamais il ne manquait à la loi de l'aumône. De Nice, en 1875, il organise une vente d'œuvres d'art avec le concours de MM. Harel [1] et Poupin en faveur d'un de ses élèves nommé Duber-

---

1. M. Harel a exécuté le meilleur buste qu'on ait jamais fait d'après Carpeaux. C'est le seul qui nous le montre vraiment tel qu'il fut à l'heure de la force, le seul qui mérite de rester.

teau. Duberteau ne manquait pas de talent; il avait pour les sujets sinistres une prédilection qui paraîtra moins singulière quand on saura que le pauvre garçon découragé, dénué de tout, n'eut pas le courage d'attendre le résultat de la bonne œuvre dont s'occupaient ses amis et se noya volontairement. Il avait trente-huit ans.

Quand il fallait payer de sa personne, Carpeaux n'hésitait pas. Au moment du coup d'État, il écrit :

Ce jeudi soir, 4 décembre 1851.

. . . .

. . . J'ai passé les jours qui ont suivi la journée du 2 courant dans ma chambre, faisant ma cuisine, étant encore très heureux de pouvoir fricoter un morceau de viande qu'on se dispute chez le boucher ; à peine si le pain peut suffire aux besoins de la localité ! ! !

Depuis ces trois jours j'étais dans l'anxiété de ne pas recevoir de nouvelles de ton frère, ni de vive voix, ni par lettres ; je me suis décidé après de longues irrésolutions à traverser Paris pour aller le voir, mais pendant le trajet je craignais de rencontrer quelques malfaiteurs qui auraient pu me rendre victime de leurs mauvais traitements; heureusement j'ai pu arriver jusqu'à la hauteur du boulevard sans danger, mais je ne savais pas ce qui m'attendait au boulevard Poissonnière qui était occupé militairement! ! Là, je fus arrêté pour secourir les infortunés de la journée, et porter les cadavres dans une ambulance voisine de l'endroit! ! Le cœur me saignait de voir ces pauvres hommes sans vie, mais c'était un devoir à remplir auquel je m'associais très volontiers.

Devant lui, à Auteuil, un soir de 1872, on tire de l'eau le corps d'un noyé qu'après de premières et vaines tentatives faites pour le ranimer on considère comme mort. Il fait porter ce corps chez lui et, bouche à bouche pendant six heures de nuit, insuffle l'air de ses poumons dans les poumons du mourant, et a la joie profonde de le rappeler à la vie. Sa piété, toujours en éveil, s'étendait à tout ce qui a vie. Une autre fois, sa chienne ayant mis bas, ouvrit d'un coup de croc le ventre de quelques-uns de ses petits ; les entrailles sortaient. Carpeaux voit la chose, enlève les bêtes pantelantes, remet les entrailles à leur place, enfile une aiguille, renoue le ventre, soigne les pauvres animaux et les sauve.

Très libre dans ses jugements sur les œuvres des artistes « arrivés », il se montrait toujours bien-veillant pour les jeunes gens et pour ceux qui, dans la lutte, franchissaient difficilement les fourches caudines du jury. Comme membre du jury en 1869, c'est à lui que je m'adressai pour recommander un artiste d'un goût exquis, alors débutant, très con-testé encore aujourd'hui parce qu'il n'appartient à aucun groupe d'école et relève de sa pure fantaisie. Il me répondit :

Dimanche de Pâques.

Très cher ami,

Je commence par vous dire qu'il n'y a pas une œuvre empreinte d'un rayon d'avenir qui ne soit acceptée.

Je n'avais pas reçu assez tôt la lettre de convocation du 26 pour assister au premier travail d'admission, mais en arrivant hier 27 au jury j'ai constaté que le travail préparatoire avait amené une élimi-nation prodigieuse. Votre ami, M.... avait au-dessous de ses envois deux R magnifiques. J'ai le plaisir de vous dire qu'elles ont disparu toutes deux et qu'elles sont remplacées par deux A.

Parti du point que vous connaissez, être utile aux autres en encourageant les premiers pas de nos collègues, c'est à mon avis le devoir de tout juge. Et c'est ce sentiment qui a dominé les réceptions d'hier. Tout a été repris. Des œuvres que l'on traitait d'horreurs ont paru dignes d'être mises sous les yeux de la jeunesse pour lui dire que tous les chemins sont ouverts au talent pour arriver au génie.

———

Cette même lettre se terminait par une nouvelle grave :

> Je profite de ces lignes pour vous dire que mon mariage avec Mlle de Montfort est fixé au **28** avril prochain. Je suis le plus heureux du monde. Ma fiancée est douée d'une intelligence d'élite, d'un cœur droit, sensible et d'une âme élevée.

Il est parfaitement exact, comme l'a rapporté M. Jules Claretie, qu'à l'occasion de son mariage avec « Mlle la vicomtesse Amélie de Montfort » (lettre du 20 mars à M. Chérier), il sollicita de l'empereur le titre de baron. « L'empereur sourit et expliqua à l'artiste qu'être Carpeaux, c'était beaucoup plus que d'être baron. » L'incident a fait rire. Carpeaux ne faisait en somme que renouer avec des traditions d'un temps peu éloigné. Les artistes survivants de la génération romantique ne parlent jamais du peintre des *Pestiférés de Jaffa,* du peintre de l'*Entrée d'Henri IV à Paris,* qu'en leur donnant le titre qu'ils reçurent du roi Charles X. Ils disent encore « le baron Gros, le baron Gérard ».

Du mariage de Carpeaux, qui se fit en grande pompe à la Madeleine, nous devons dire un mot ici ;

nous n'en dirons qu'un : ce mariage fut malheureux. Le retentissement de longs débats judiciaires a révélé le fait; il n'y a donc pas indiscrétion à le constater. Ajoutons que sur cette âme d'une si parfaite tendresse, qui avait aspiré si longtemps aux joies du foyer domestique, la douleur d'une telle situation dut agir d'une façon particulièrement aiguë.

XIII

1869-1874

Nous avons vu la dernière grande œuvre de Carpeaux, sa fontaine du Luxembourg, dont le modèle
en plâtre parut au Salon de 1872. Il avait passé les
tristes jours de la Commune en Angleterre où il fit,
parmi plusieurs bustes, celui de Gounod, d'un mouvement si vrai, si juste, avec son allure d'inspiré, et
un groupe de *Daphnis et Chloé* qui ne nous est connu
que par des réductions en terres cuites commer-
ciales. A ce même Salon de 1872, il envoya le portrait en bronze de M. Gérôme : rien qu'une tête, un
chef-d'œuvre encore, aussi nerveux, profond et vi-
brant que son portrait de M. Garnier.

A l'exception d'une statue, *l'Amour blessé*, dont
nous parlerons tout à l'heure, on ne vit plus de Car-

BUSTE DU PEINTRE BRUNO CHÉRIER.

Dessiné par lui-même d'après Carpeaux.

A Quantin Imp. Edit.
BUSTE DE M. ALEXANDRE DUMAS FILS

bles surprises de réalité, des portraits de M. et de
Mᵐᵉ Chardon-Lagache (1873); de Mᵐᵉ Sipierre (1874);
de son fidèle et vieil ami Bruno Chérier, de M. et
de Mᵐᵉ Alexandre Dumas (1874-1875). De toute
cette série, le morceau le plus extraordinaire est le
portrait de M. Alexandre Dumas. Par la liberté de
l'exécution, si merveilleuse dans ce marbre, par le
mouvement, le port, l'expression, par l'intensité de
la vie intérieure que traduit à la surface la mobilité
de la physionomie, il est aussi beau que les plus
beaux bustes de notre cher xviiiᵉ siècle français.
En original ou en copie, il est appelé à figurer un
jour—le plus tard possible—au foyer de la Comédie-
Française : il y tiendra noblement sa place auprès
des portraits que pétrit la main si fière et si ferme
des Caffieri, de Houdon, de Le Moyne et de Pajou.

Au moment de la mort de Napoléon III, Carpeaux fut appelé par dépêche à Chislehurst, pour
faire le buste du souverain qui l'avait paternellement
soutenu. Par une attention d'une délicatesse touchante, il emporta avec lui de la terre de France. Ce
buste fut livré à l'impératrice au mois de juin 1874.
Il n'en existe que deux exemplaires. Par autorisa-
tion expresse de l'impératrice, le second fut exécuté pour le prince Demidoff dans l'automne de la
même année. Il est inexplicable que ce buste n'ait
jamais été fait par Carpeaux du vivant de l'empereur.

C'est en 1874 aussi qu'il acheva la charmante

statue de *l'Amour blessé*. Un accident, une luxation
du bras, dont son petit garçon Charles avait été

L'AMOUR BLESSÉ.

victime, lui inspira ce motif gracieux. Le marbre fut
acheté par le prince Georges Stirbey, dont le nom

désormais se lie étroitement à la biographie de Carpeaux. C'est la dernière statue où son ciseau déposa sa glorieuse signature. Déjà la Mort avait étendu la main et l'abattait sur lui le 12 octobre 1875. Frappé dans toute la force de l'âge et du talent, Carpeaux emportait dans la tombe le secret à jamais inconnu des grandes œuvres que son génie eût rencontrées dans le mouvement de l'existence et dans l'élévation croissante de sa pensée.

Avant de retracer les dernières étapes de sa vie douloureuse, dont les tortures ne fourniront point matière à de longues réflexions esthétiques, il importe de signaler une particularité des études de Carpeaux. Laissée dans l'ombre par les critiques et les biographes, elle explique cependant certain caractère spécial que chacun d'eux a constaté dans sa sculpture : je veux parler du don de la couleur. Quelques-uns même lui en ont fait un reproche, blâmant le visible effort de son art vers la statuaire pittoresque, surtout dans le bas-relief du pavillon de Flore. Il suffirait, pour le justifier, de rappeler que de l'aveu unanime la qualité maîtresse du talent de Carpeaux c'est la vie intense qu'il communiquait à la matière où se portait l'empreinte puissante de son pouce. Or la science qu'il apportait au calcul des lumières, des demi-teintes et des ombres, c'est-à-dire de la couleur en ses compositions modelées, est un des éléments qui concourent avec le plus de force à leur donner cette émotion, ce « frémissement » — le mot est de lui — qui les anime. Sans doute la couleur n'entre que pour une part dans cette transformation de la matière inerte en matière vivante où le sang coule, où bat le pouls, où sous le doigt la chair cède et l'os résiste. Il mit à cette besogne de Pygmalion une autre science encore : l'admirable vérité des proportions, l'infaillible construction des charpentes intérieures et des enveloppes myologiques, les caresses du modelé sur les surfaces, trouvant même pour rendre les palpitations de l'épiderme dans le travail de la terre des artifices singuliers. Tel est par exemple le procédé du « modelé à la boulette », qui, multipliant à l'infini sur toute l'étendue des parties lisses d'insensibles aspérités, y accroche et retient la lumière et lui donne une vibration perceptible à l'œil, comme une simulation du mouvement.

On remarquera combien ce procédé est voisin de celui qu'Eugène Delacroix surprit dans les tableaux du peintre anglais Constable peu de jours avant l'ouverture du Salon de 1824 et qu'il s'appropria aussitôt, en peignant à nouveau en quarante-huit heures son *Massacre de Scio*. Le moyen consiste à substituer au ton préalablement composé sur la palette, et posé franc sur la toile, une juxtaposition de hachures faites de deux tons variés, l'un plus clair, l'autre plus foncé, dont le voisinage produit, à distance, sur la rétine du spectateur, la sensation du ton unique, mais avec une richesse d'éclat où ne saurait atteindre

la combinaison préalable qui manquant de soutien
n'échappe jamais à la platitude. Il existe entre ces colorations, en apparence identiques, obtenues par des
moyens dissemblables, une différence égale à celle
que le musicien constate entre deux sons reprodui-
sant la même note prise au même degré de l'échelle
diatonique, lorsque cette note est émise par des instruments dont les timbres sont, l'un très riche, l'autre
très pauvre en harmoniques. Eh bien, c'est une sensation de même sorte que nous cause la terre ma-
niée par Carpeaux, si nous comparons la souplesse,
la chaleur, la vie de son modelé à la sécheresse abstraite du modelé lisse. Aussi est-il arrivé le plus souvent que le modèle en terre ou en plâtre de certaines
de ses œuvres est resté plus parfait, plus vivant que le
marbre ou la pierre dont il avait dû confier l'exécution au praticien. De là aussi l'immense supériorité
de ses terres cuites originales sur celles que l'exploi-
tation commerciale de son atelier vulgarise au
moyen du moulage. Ces dernières, multipliées à profusion par des procédés en quelque sorte mécani-
ques, ont perdu leur vertu d'art. Elles conservent, il
est vrai, de l'œuvre première une silhouette d'ensemble toujours belle de mouvement, mais arrondie,
amollie, affadie dans le détail et dépouillée de tout
accent quand elles n'ont pas été revues et terminées
par l'artiste lui-même. Carpeaux le sentait bien lorsque malade, éloigné de son atelier, il protestait contre
les reproductions qui s'y faisaient sans qu'il les di-

LA TOILETTE DE VÉNUS.

rigeât. La protestation fut publique ; il écrivit aux journaux la lettre suivante :

Un référé du président du tribunal a remis l'administration de mon atelier à M⁰ Nicquevert, avoué, en me réservant la direction artistique. J'étais donc autorisé à croire que cette direction me conférait le droit exclusif de pouvoir seul signer les œuvres dignes d'être vendues, puisque, comme artiste, j'en suis responsable devant le public.

Le 16 juin, menacé d'une perquisition domiciliaire, je fus obligé de remettre au commissaire de police mes poinçons, c'est-à-dire ma signature.

Je me vois donc forcé, pour l'honneur de mon nom et la garantie des acheteurs, de déclarer qu'à partir de ce jour cette signature n'est plus apposée par moi. Ma santé me force aujourd'hui de cesser momentanément toute composition. Je décline donc la responsabilité des modèles qui porteraient ma signature et je déclare que les reproductions, marbres, terres cuites ou bronzes, qui me seraient attribués, ne sont ni revus, ni surveillés, ni retouchés par moi.

En un mot, je suis complétement étranger à tout ce qui sortira désormais de l'atelier dirigé par M⁰ Nicquevert, et je ne suis pour rien dans les œuvres qu'on signerait désormais du nom de Jean-Baptiste Carpeaux.

18 juin 1875.

J.-B. CARPEAUX.

La savante conduite de la lumière dans les ouvrages de Carpeaux tient à sa grande science et à son amour du dessin : c'est une exception assez rare parmi les sculpteurs. Non seulement il traçait le croquis d'un trait rapide, sûr, expressif, caractéristique et de grande allure, mais il existe de lui d'admirables dessins achevés, menés à l'effet : dessins

DIVERS CROQUIS DE CARPEAUX.

à la plume de l'*Ugolin*, dessins aux deux crayons
d'après des morceaux du *Radeau de la Méduse* de

Géricault, et dans ce dernier procédé des portraits
superbes. Celui qui écrit ces lignes possède deux de
ces portraits, une tête et un buste de grandeur
nature, enlevés l'un et l'autre en une séance avec
une fougue merveilleuse. Il semblait que le morceau
de Conté qu'il tenait à même lui brûlât les doigts.
Le papier attaqué à la fois dans toutes ses parties
par la pointe et par l'à-plat du crayon, avec l'es-
tompe chargée de sauce, avec le pouce à nu, se
couvrait simultanément sur tous les points de sa
surface. Peu à peu, de cette ombre vague, indécise
d'aspect, se dégageait une tache de lumière sur un
front, un coin de paupière, un renflement de narine,
une bouche souriante; l'ombre se modelait, s'éclai-
rait, se pénétrait de transparences. Dans ces demi-
clartés, les formes avec la fermeté des soutiens, la
délicatesse des enveloppes, le flou des cheveux et
de la barbe s'accusaient par de larges hachures
dirigées dans le sens du contour, par des traits
flottants, par des frottements vigoureux, des fondus
en demi-teinte, des passages subtils de l'obscur au
clair, des enlèvements de noir à la mie de pain, des
effacements, des essuiements soudains avec la manche de l'habit, par une dextérité de la main exécu-
tant comme un beau jeu d'archet, depuis les longs
coulés jusqu'au plus brillant staccato du crayon.
Sur le tout, au terme, il posait quelques rehauts de
blanc, des accents de lumière, la dernière touche.

Travail merveilleux d'ampleur, de liberté, d'es-

prit, où l'on ne trouve pas trace d'un moyen
appris, où le procédé naît spontanément sous la main
de l'artiste, se crée de premier jet pour les nécessités
immédiates de l'effet; par là, impossible à reproduire,
à copier, comme le sont les peintures de Rembrandt,
avec lesquelles ces portraits ont une évidente et
triomphante parenté ! Que nous voilà loin du dessin
des sculpteurs qui ne dessinent en général que par
l'arète et la silhouette ! Ici, la nature est observée par
un peintre coloriste, traduite par le relief et la lumière que l'œil de l'artiste surprend dans toutes leurs
dégradations. Il s'y ajoute — et ce n'est pas le moindre intérèt de tels portraits — une perception très sûre
de l'être moral. « Le dessin libre, disait-il à ses
élèves, tout est là. Mettez dans le trait l'impression
fugitive, conservez l'élan, ne vous faites pas l'esclave des procédés, ne ciselez pas : ayez une âme ! »

Armé de telles facultés, il eût été bien étonnant
que Carpeaux ne s'essayât pas à peindre. Il l'a fait,
mais trop peu à son gré. Cependant ses amis connaissent de lui des portraits peints, entre autres
ceux de M. Vollon, de M. Paul Foucart enfant,
de M. Émilien Chesneau enfant; quelques études
de paysage, une superbe esquisse représentant *le
Sultan et son escorte sortant du jardin des Tuileries
par la grille de la Concorde* (1867), une grande toile,
l'*Incendie* : une femme à demi nue portant un
enfant dans ses bras et fuyant le feu. Il fut pendant
quelque temps poursuivi par le désir de peindre *Une*

Station d'omnibus en été. Le motif principal eût été le
groupe des chevaux épongés au visage par un pale-
frenier, puis l'omnibus jaune et la foule. On doit
trouver des croquis de ce sujet dans ses albums de
1867. Je ne mentionne cette excursion de Carpeaux
dans le champ de la peinture qu'à titre de curiosité,
car si la construction en ses toiles reste toujours
infaillible, l'aspect général en est lourd, terreux,
sans charme de couleur, à l'exception peut-être de
la *Sortie du Sultan.*

XIV

1874

LE MARTYRE. — L'ENSEIGNEMENT DE CARPEAUX.
LETTRES ET NOTES DE Mlle FOIVART.
SÉJOUR A DIEPPE ET A PUYS.

Avec ses habitudes de rédaction hâtive, le journalisme a introduit dans la langue française des formules toutes faites (on les nomme « clichés ») dont l'application facile, irréfléchie, sans mesure, a épuisé toute la saveur; elles sont devenues banales à ce point que tout écrivain scrupuleux hésite à les reprendre et à s'en servir alors même que l'emploi lui en paraît le mieux justifié. Pierre Vermillon ou Jean Gâteglaise meurent-ils, que toutes les trompettes en papier de la moderne Renommée attaquent d'un commun concert quelque chose comme la *Marcia funebre* de la *Sinfonia sulla morte d'un eroe*. Pendant huit jours, on donne à croire au grand public, non informé de l'exacte ou de l'actuelle

valeur des hommes, que l'Art vient de faire une
grande perte. — « Une grande perte » : ces mots
se suspendent comme un accessoire obligé aux draperies noires; il en faut faire le même cas que des
oripeaux des pompes funèbres. Les grandes pertes
sont rares, et Dieu merci, plus rares que ne le sont
les grands artistes. Quand un maître meurt au terme
d'une carrière pleine d'années comme Titien, qui
vécut cent ans, la perte est nulle pour l'art. Quand
Ingres est mort, la perte pour l'art fut nulle; il avait
quatre-vingts ans et, comme il persistait à peindre,
sa main s'égarait de plus en plus dans les inhar-
monies du ton. Quand Daubigny mourait, à peine
âgé de soixante ans, il n'avait plus rien de neuf à
nous révéler sur la nature; sans doute sa mort nous
a privés de quelques belles œuvres, mais belles dans
une forme prévue; elle n'a donc pas été « une
grande perte pour l'art ».

Mais Henri Regnault meurt, — Regnault qui
n'était ni Titien, ni Ingres, ni même Daubigny, —
et voilà une perte réelle. Son talent, certes, était
encore bien peu équilibré, mais à cet âge que de
surprises heureuses le jeune artiste si bien doué ne
nous réservait-il pas! A quelles transformations, à
quels apaisements son génie, jusqu'alors convulsif
mais si généreux! n'était-il pas capable de se soumettre!

Et Carpeaux meurt : et voilà pour l'art français
une perte immense. Pourquoi? C'est que Carpeaux

arrivé à la pleine maturité de la vie, à la possession
absolue de ses moyens d'action, animé par une âme
de feu et l'intelligence la plus noble quoique inculte,
Carpeaux voyait devant lui vingt années encore de
production active, féconde en créations de génie.

SAINT BERNARD.
(Croquis de Carpeaux.)

De là le deuil, un deuil profond, irréparable, pour
tous ceux qui savent ce qu'il y avait en cet homme
de force et de puissance encore, de pensées élevées.
de conceptions sans cesse se renouvelant et s'épu-
rant, de réalisations imprévues ; ce qu'il portait en
son cerveau de grandes œuvres qui ne verront
jamais la lumière [1]. Il se peut que d'autres artistes

1. Il avait accepté avec joie de faire pour le Panthéon un *Saint
Bernard prêchant la croisade*. Quelques croquis de ce projet donnent une
bien grande idée de ce qu'eût été ce motif d'une inspiration toute
nouvelle dans son œuvre : de l'art héroïque sans le nu d'académie.

après lui produisent des œuvres égales et même
supérieures à celles qui nous échappent : il n'y aura
pas compensation. Supposez Mozart mourant sans
avoir donné son *Don Juan* au trésor d'art de l'huma-

SAINT BERNARD.
(Croquis de Carpeaux.)

nité : malgré les magnificences de Beethoven venant
à la suite est-ce que le vide serait comblé? Point du
tout. Le trou resterait béant.

Si quelque considération peut nous rendre moins
amère la fin prématurée du grand statuaire français,
c'est qu'elle fut pour lui la délivrance. Seulement
dans la mort il devait trouver le terme d'un long
martyre.

Depuis deux années il pâtissait dans sa chair.

C'est dans une lettre à l'un de ses élèves, Mlle Foivart, que je trouve la première trace sérieuse du mal qui devait l'emporter. Il écrit à la date du 19 mars 1874 :

Je suis bien désolé d'avoir été obligé de vous laisser partir sans pouvoir suivre votre travail... L'indisposition dont je me suis senti si vivement pris hier n'aura sans doute pas de suites trop prolongées.

Et aussitôt il reprend son rôle d'enseignement :

Je voudrais que vous pussiez travailler dans la voie que je vous ai indiquée, voir les rapports des proportions, faire passer par les points les plus justes la charpente du corps humain (l'ostéologie), et sur ces os placer les attaches et développer le corps des muscles selon les mouvements. Michel-Ange seul a su donner la vie anatomique. Il vous en dira plus que moi. Regardez et travaillez.

Carpeaux n'eut point d'atelier d'élèves. Sa vie chargée, embarrassée, ne lui laissait pas les loisirs de l'enseignement régulier. Nul artiste n'était pourtant préparé comme lui pour cette fonction. Aussi n'a-t-il jamais refusé ses conseils à qui les lui demandait, et dans ses lettres on verra de quelle élévation il dominait la partie purement technique et savante de son art.

Le 26 mars 1874 il écrivait de nouveau à Mlle Foivart :

Méditez la direction que je vous ai indiquée... Ce sera un vif

plaisir pour moi si je puis vous enseigner la pratique de l'art que
j'étudie chaque jour avec recueillement, et ma satisfaction est grande
de trouver en vous l'enthousiasme et la foi... Être épris de l'art,
poursuit-il, n'est-ce pas là le point capital ? Le reste vient par
l'amour qui sanctifie les saintes ardeurs. En élevant votre âme au-
dessus de la vie vulgaire, vous trouverez des joies que peu de
femmes connaissent. Vous aurez *la seconde vue*, celle de l'inspiration. La contemplation de la divine nature vous fera trouver des
chefs-d'œuvre à chaque pas où les autres ne verront rien. La récompense n'est-elle pas assez grande ?

Puis, revenant sur lui-même :

Je me sens fatigué. Je suis rappelé au réel par les souffrances
aiguës qui ne m'ont pas quitté depuis que je vous ai vue.

Le fervent disciple de Carpeaux à qui je dois
communication des deux lettres qui précèdent prenait des notes sur les leçons du maître et me permet
d'y puiser.

Carpeaux veut que je construise toutes les formes par l'anatomie, que je dessine le squelette sans hésiter, que j'en modifie le
mouvement, que j'indique les muscles à leur place, en un mot, que
je sache dessiner une tête et un corps sans modèle. C'était le procédé de Michel-Ange. Pour me démontrer ces grands principes,
il a en quelques minutes modelé deux figurines. Il s'exprime avec la
plus grande clarté. Ce qu'il dit paraît simple comme bonjour,
mais n'est tel que dans le génie du grand artiste. — Après l'étude
anatomique de Michel-Ange, nous étudierons la distribution de la
lumière dans l'œuvre de Rembrandt. — Il (Carpeaux) procède en
dessin comme en sculpture : il cherche « les pleins » intérieurs,
l'anatomie ; puis il enveloppe par des demi-teintes les os et les muscles
qu'il a indiqués. — Aujourd'hui, il m'a expliqué la mise au point
d'un buste avec une simplicité, une lucidité, une précision extraor-
dinaires. Tout a été formulé avec génie. M. Chérier, qui était présent,

en a été vivement frappé. Il n'avait jamais entendu exposer un principe d'une façon si lumineuse. Ce principe est celui des proportions
de la tête humaine : déterminer au compas les mesures rigou-
reuses qui sont les conditions de l'harmonie et de la beauté : ensuite accuser par les déviations de cet absolu les caractéristiques des
races et des individus.

Malgré l'avertissement qu'il avait reçu au mois
de mars 1874, dans le courant de l'été il se mit en
route pour la Russie, où l'appelait la curiosité d'un
type nouveau pour lui, qu'il avait rencontré dans
une famille amie, qu'il voulait étudier dans ses diver-
sités, s'en promettant de précieuses acquisitions pour
son art. Arrivé à Bruxelles, le mal de nouveau l'im-
mobilisa dans une chambre d'hôtel. Au reçu d'une
dépêche inquiétante, M. Alexandre Dumas lui envoya
le docteur Tardieu qui le décida à renoncer à ce
voyage et à rentrer à Paris ou plutôt à Auteuil, où il
possédait une maison que la ville de Paris lui avait
cédée en payement de travaux.

Il resta deux mois chez lui. La maladie faisait de
rapides progrès. Une amie le visitant le détermina à
se laisser conduire à l'hospice Dubois. Il fut pris alors
de cette fièvre d'instabilité qui s'empare fréquem-
ment des personnes atteintes aux sources mêmes de
la vie. Quittant tout à coup la maison Dubois, il s'installa à Vincennes, puis à Boulogne-sur-Seine pour
revenir à la maison Dubois, d'où il sortit définitive-
ment pour recevoir les soins et l'hospitalité de son
ami Chérier. Ces déplacements s'accomplirent dans

l'espace de quelques semaines, car c'est de chez
M. Chérier qu'il écrivait le 6 juillet à M. Alexandre
Dumas :

> Je suis désolé de voir que mon état de santé ne s'améliore pas.
> Il faut renoncer à la visite que je comptais faire à Puys... Je n'ai
> plus d'espérance de guérison; je laisse à regret tous mes rêves d'ave-
> nir et surtout une amitié comme la vôtre...

Malgré cette lettre, très peu de jours après il
était à Dieppe d'où il écrit :

> J'ai fait un voyage très heureux et n'ai pas souffert pendant le
> trajet. Ce matin, ce n'est plus la même chose, j'éprouve une crise
> en écrivant.

Cependant rien ne lui échappe de ce qui touche
à l'art, car il continue :

> Le port est petit mais pittoresque. J'ai été à l'église Saint-
> Jacques ce matin, église d'un style gothique fleuri qui renferme des
> bijoux d'architecture Renaissance. Malheureusement on la restaure,
> c'est-à-dire qu'on est en train de la perdre. Il y a là des motifs d'or-
> nement dignes des plus beaux temps... Je suis rentré épuisé et je
> souffre avec patience. J'ai hâte de prendre un peu de repos afin de
> jouir de la nature.

Dieppe est à peine à quelques kilomètres de Puys.
Si proche voisin de ce petit pays, Carpeaux cède à
l'insistance de M. Alexandre Dumas, car c'est de
chez celui-ci que le 2 juillet il écrit la jolie lettre suivante :

> Nous voici installés à Puys [1]. Le pays est superbe; tous les points

---

1. Son compagnon de voyage était M. Osbach, son élève et ami.

de vue sont dignes des maîtres. Si je ne souffrais pas, j'aurais déjà
retroussé mes manches. En allant de Dieppe à Puys, j'ai vu du haut

de la voiture le dessin d'une jambe admirable sortant, dans le mouvement de la marche, de dessous des haillons qui ne descendaient
que jusqu'aux genoux. Frappé de la majesté de cette misère, j'ai

fait courir Osbach après cette pêcheuse, et demain elle doit se présenter en cet équipage chez Dumas qui travaille avec moi. Elle n'a qu'une savate au pied gauche, le reste n'est qu'un admirable corps de seize ans, enrichi de défroques impossibles à décrire.

Et le 24 :

J'ai commencé un travail cet après-midi. C'est la statuette de la pêcheuse dont je t'ai parlé. Elle ne veut plus revenir ; elle aime mieux gagner sept sous par jour et avoir sa liberté que de gagner trois francs et poser... Osbach dort si bien, si bien que je n'ose pas le réveiller quand les douleurs se font sentir... C'est la nuit seulement que je suis éprouvé. Quand est-ce que ça finira? En attendant je suis résigné, et mes pensées sont tournées vers mes impressions de jeunesse. Le sens moral et religieux me donnera de la philosophie...

Le 4 août :

Le temps est magnifique, l'air pur, la verdure admirable, la tranquillité de la nature adorable ; tout inspire la contemplation et réjouit le cœur de l'artiste.

Ah! si je ne souffrais pas, quelle joie ce serait, quel travail je ferais ! Mais ce n'est plus mon rôle. Tout m'est tombé des mains par la maladie. Je suis rivé à l'inaction. C'est ce que je ne puis comprendre. Ma nature s'y refuse, ce qui fait que j'ai souvent des rechutes... — Prépare-toi à venir avec moi en Italie au mois d'octobre.

Le séjour à Puys se prolongea jusqu'aux premiers jours de septembre, sans amener d'amélioration dans son état.

A Mlle Foivart. — Puys, 12 août 1874. — Ma chère élève, si je ne vous donne pas de mes nouvelles, c'est parce qu'elles sont mauvaises et que je suis incapable de vous diriger dans la carrière des arts. Mes souffrances sont affreuses. Je ne dors plus ni jour ni

nuit. Une fièvre nerveuse m'accable régulièrement toutes les nuits.
Je sens que je ne puis me remettre en équilibre et que bientôt je
serai tué par la maladie.

A la même. — Puys 3 septembre —... Je vais à Palerme (Sicile)
en sortant de Dieppe. — Avez-vous vu le groupe de la fontaine du
Luxembourg, élevée en face de l'Observatoire depuis cinq ou six
jours? On m'annonce un succès sérieux, on dit même immense. Il
y a, dit-on, de l'enthousiasme. Je voudrais bien, chère enfant, que
vous pussiez constater ce résultat et me faire part de votre impression.

A la même. — Dieppe 12 septembre —... Le docteur veut
me garder à Dieppe pendant les quelques beaux jours encore de la
saison. Je vais entreprendre une autre statuette. Celle que je viens
d'envoyer à Paris a un vif succès. Vous la verrez à la fin du mois
en terre cuite. Je vous fais hommage d'une épreuve à l'avance. Je
crois que vous serez satisfaite de cette œuvre. J'ai cherché à exprimer l'inquiétude mélancolique dont la mer pénètre les pêcheurs. —
(Évidemment il parle ici de la *Pêcheuse de vignots.*) — *Post-scriptum.*
Le mieux n'a pas continué aujourd'hui. Cependant je reprends du
calme. Le temps est beau. Pensez à ce que fera l'Italie sur un malade.

XV

1874-1875

Ce rêve si chèrement caressé du voyage d'Italie ne devait pas se réaliser. En quittant Dieppe, Carpeaux retrouva à Paris le toit hospitalier de son ami Chérier; il revoit aussitôt sa dernière élève, dirige ses efforts; l'enseignement lui tient tellement au cœur qu'il ajoute à sa parole le complément des conseils écrits :

20 septembre. — La petite indication que je vous ai donnée avant-hier sur l'art de peindre dans le ton de la nature est chose facile à acquérir. Un peu de pratique et surtout d'observation vous habitueront bien vite à cette pratique si claire et si indispensable. — Prenez l'écorché de Michel-Ange, copiez-le en terre glaise; vous aurez par ce moyen la pratique de la sculpture assez rapidement; puis, des maquettes qui vous serviront dans vos compositions.

27 septembre. — ... Vous ferez de la sculpture avec votre ami ; vous verrez par ce moyen à quels effets vous parviendrez dans l'art de composer et de peindre. — Il y a là une voie abandonnée de nos contemporains, mais qui est antique et qui a fait considérer la sculpture comme la mère des arts. — Lundi, je vous communiquerai l'application de ces moyens et vous n'aurez qu'à suivre cette voie pour obtenir de grands résultats. Vous retrousserez vos manches pour mieux manipuler l'argile.

CROQUIS DE CARPEAUX.

22 octobre. *Sur le modèle en relief.* — Cette période du modèle va vous intéresser, car il exige un effort d'interprétation. Cela diffère de la copie servile, c'est le passage de la volonté dans l'œuvre de l'artiste.

30 octobre. — *Notes de Mlle Foivart.* — Hier et aujourd'hui, j'ai travaillé chez M. Chérier auprès de Carpeaux. Le pauvre grand

maître va plus mal. Je ne crois pas que nous le conservions longtemps. Il s'affecte, il se désole, l'idée du grand voyage lui est amère.
Quand je suis arrivée, ce matin, je l'ai trouvé bien abattu, désespéré... Après le déjeuner, il m'a été permis de jeter un coup d'œil sur

CROQUIS DE CARPEAUX.

quelques-uns de ses croquis. C'est magnifique, c'est grand, on dirait
d'hiéroglyphes qui sous l'afflux de l'imagination prennent une tournure humaine. C'est le rêve continuel de la forme surmenée, réduite,
prisonnière, vaincue.

Je reproduis ici deux de ces croquis exécutés dans
les conditions les plus tristes : une étude de main et
une étude de cheval. Cette dernière fut crayonnée un

jour qu'il s'était fait déposer sur un tas de sable disposé en bordure sur le boulevard d'Enfer devant la maison de M. Chérier. Un camion s'était arrêté de l'autre côté de la chaussée, en face de lui; il dessina le cheval. Quand il dessina la main, il fallait qu'on le soutînt. En ses nuits d'insomnie, il dessinait encore, et toujours notamment des échappées de vues sur Paris avec des profils de maisons se détachant dans le ciel clair des nuits lunaires avec des passages de nuées épaisses. Parfois il donne à ces nuées l'aspect de visions fantastiques, de figures de femmes, de groupes aériens qui se suspendent, se nouent et se dénouent dans l'espace.

Parmi les notes de Mlle Foivart, si fines dans leur juvénile enthousiasme, je recueille une observation très neuve, très juste et vraiment profonde :

J'ai sous les yeux son travail intime depuis vingt ans. Dans cette immense quantité de dessins, *on ne trouve pas la trace d'une passion.*

1er novembre. — *A Mlle Foivart.* — Je souffre horriblement depuis que je ne vous ai vue. Je sens ma vie m'échapper. Quels regrets j'éprouve de ne vous avoir pas rencontrée plus tôt. Combien j'aurais voulu avancer vos études avant de quitter ce monde, mais je n'aurai pas cette consolation.

28 novembre. — *A la même.* — ...Je ne suis plus qu'une brute par l'effet des douleurs. La maison de Chérier ressemble au Jardin des Plantes. On y entend des cris sauvages, la nuit.

11 décembre. — *A la même.* — Vie bien pénible, rechutes, crises très douloureuses. Plus de goût à la vie.

14 décembre. — *Notes de M*^{lle} *Foivart.* — Cette imagination ardente va disparaître de notre pauvre monde. Elle va continuer dans l'infini la vie ignorée. Je lui disais ce soir : « Ah! si je pouvais au moins m'approprier votre génie! » Et lui me répondait : « Vous parlez de ce que vous appelez mon génie ; mais mon âme vaut mieux. Si vous saviez les délicatesses, les adorations que je portais en moi : c'était immense. Ah! pourquoi Dieu ne m'a-t-il pas permis de jouir de mon âme et d'en faire jouir! »

Carpeaux était perdu, condamné sans appel : il mourait lentement dans des tortures sans nom. On entend ses cris de bête fauve. Je ne puis relire sans frisson le récit d'une visite de M. F. Sampieri à ce martyr, récit recueilli par M. Jules Claretie. Je l'abrège, mais tous les mots portent comme des coups de faux. Il semble que la mort s'acharne sur ce pauvre corps avant de lui porter le coup final.

Carpeaux était étendu dans son logis sur un tas de chiffons et, là, couché sur ces guenilles, défiguré, demi-nu, il agonisait littéralement. Lorsque celui dont je tiens ces détails pénétra auprès de lui, l'auteur admirable d'*Ugolin et ses fils* était comme accablé de torpeur et, les paupières à demi baissées, plongé dans une sorte d'état comateux. Auprès de lui, comme deux gardiens, se tenaient deux façons de paysans du nord, un peu farouches, sa mère et son père. La maladie cruelle avait rendu méconnaissable le visage si animé jadis de Carpeaux. Le crâne était réduit au volume d'une tête d'enfant, et les joues, la bouche, le menton disparaissaient sous une barbe grise. Un vieillard ! et cet homme n'avait pas quarante-sept ans!

Le côté gauche de ce pauvre corps maigre était couvert de linges amoncelés et paraissait effroyablement gonflé, tandis que de la manche droite sortait, nu tout entier, un bras décharné dont la couleur était littéralement le jaune d'or ; un bras momifié et doré. Il y

avait de quoi reculer d'effroi devant ce grand homme torturé comme
Job.

Au bruit que fit celui qui entrait, Carpeaux leva les paupières et
reconnut le visiteur. — Ah ! c'est vous ? — La voix était faible, basse,
à peine perceptible. Un souffle de mourant.

Carpeaux cependant leva lentement le bras, tendit sa main droite,
et celui qui la serra eut la sensation affreuse de toucher quelque
chose comme un os qui brûlerait.

J'ai dit que la dernière statue de Carpeaux, le
marbre charmant de *l'Amour blessé* avait été acheté,
à la suite du Salon de 1874, par le prince Georges
Stirbey. La demande d'acquisition avait été faite
par une lettre dont les termes touchèrent vivement
l'artiste qui répondit avec effusion. Commencée à
cette occasion, la correspondance qui s'établit entre
le prince et le statuaire prit bientôt, sans qu'ils
se fussent jamais vus, un caractère de causerie intime sur les arts, puis de cordiale affection. C'est
tout à fait par un hasard, qu'on peut appeler provi-
dentiel, par le rapport d'une personne amie qui sortait douloureusement affectée d'une visite à Carpeaux et pressa vivement le prince de l'aller voir, que
celui-ci apprit, en cet automne de 1874, la maladie
si cruelle, l'abandon, le dénuement du maître sans
foyer, recueilli au foyer d'un ami.

Jusqu'alors le prince sachant Carpeaux souffrant,
mais ne connaissant pas la gravité de son état, avait
par discrétion reculé devant cette démarche. Informé,
il la fit aussitôt, et l'ayant faite, ayant vu, enleva Carpeaux et l'installa chez lui, à Nice. Il n'y avait pas

espoir de le guérir, le rôle de la médecine se bornait
désormais à engourdir autant que possible le suraigu
de la souffrance.

MARIN DE NICE.

(Croquis de Carpeaux.)

A peine arrivé à Nice, il écrit à M. Chérier de
longues lettres. Il écrit au crayon sur de petits feuil-
lets dans l'intervalle des crises.

Je n'ai pas dormi trois heures en tout depuis que je t'ai quitté...
Je n'espère rien, je me laisse aller au bon vouloir de ceux qui m'en-
tourent et veulent me sauver. Le prince a mis dix personnes à mon
service... Que de sacrifices ! J'en suis honteux.

Encore, si j'allais réellement mieux. Mais non. Je ne suis qu'un cadavre, vivant par extraordinaire. Quelle lutte, quel combat contre le mal ! Bientôt il y aura une solution... Ça ne peut pas continuer comme cela. Ton buste en bronze a-t-il été bien patiné ? As-tu terminé mon superbe portrait ? (Ce portrait de Carpeaux par M. Chérier fut refusé au Salon. On trouvera à leur date les lettres du statuaire à ce sujet.)

... Je dessine au bord de la mer des mouvements de pêcheurs. C'est superbe à voir. A mon réveil, j'ai la mer sous les yeux; une immense fenêtre m'en laisse voir l'horizon. C'est adorable. L'après-midi je vais au bord de cette superbe mer avec mes carnets et je prends des scènes de la nature. Quand viendras-tu voir tout cela et ton vieil ami désespéré ?

Nice. Villa Stirbey 39. Promenade des Anglais.— 10 mars 1875. (Au crayon). — Je suis entouré de façon à vivre comme une bête sans pensée, sans occupation d'aucune sorte. Le médecin a ordonné ce moyen comme absolu pour avancer sinon ma guérison, au moins ma convalescence. C'est pour cela que le prince m'a dit qu'il se chargeait de mes affaires... En rentrant de Nice j'irai au château de Bécon où le prince est allé préparer tout ce qui sera nécessaire à mon malheureux état... Je souffre nuit et jour... Je crains bien que tous les efforts que l'on fait autour de moi pour me ramener à la vie soient inutiles. Il est trop tard ! — Je n'ose pas dire cela au prince ni à Mme..., dans la crainte de les décourager. Mais je sens que mes souffrances me réduisent à rien.

Nice, sans date. *Au même.* (A la plume.) — Depuis que je t'ai quitté je ne suis pas resté une seconde sans être couché. C'est une situation des plus cruelles. — Oh ! mes os, mes pauvres os !

Le pauvre Batailhié se disposait à venir me soigner à Nice. Il avait écrit au prince Stirbey à ce sujet. Mais hélas ! au moment de venir, il est parti pour l'autre monde. Pauvre ami ! Grand cœur, grande intelligence dans le ciel !

Nice. Ce 24 mars 1875 (Au crayon. En tête de la lettre un joli croquis : Un buste de pêcheur coiffé d'un bonnet de laine rabattu

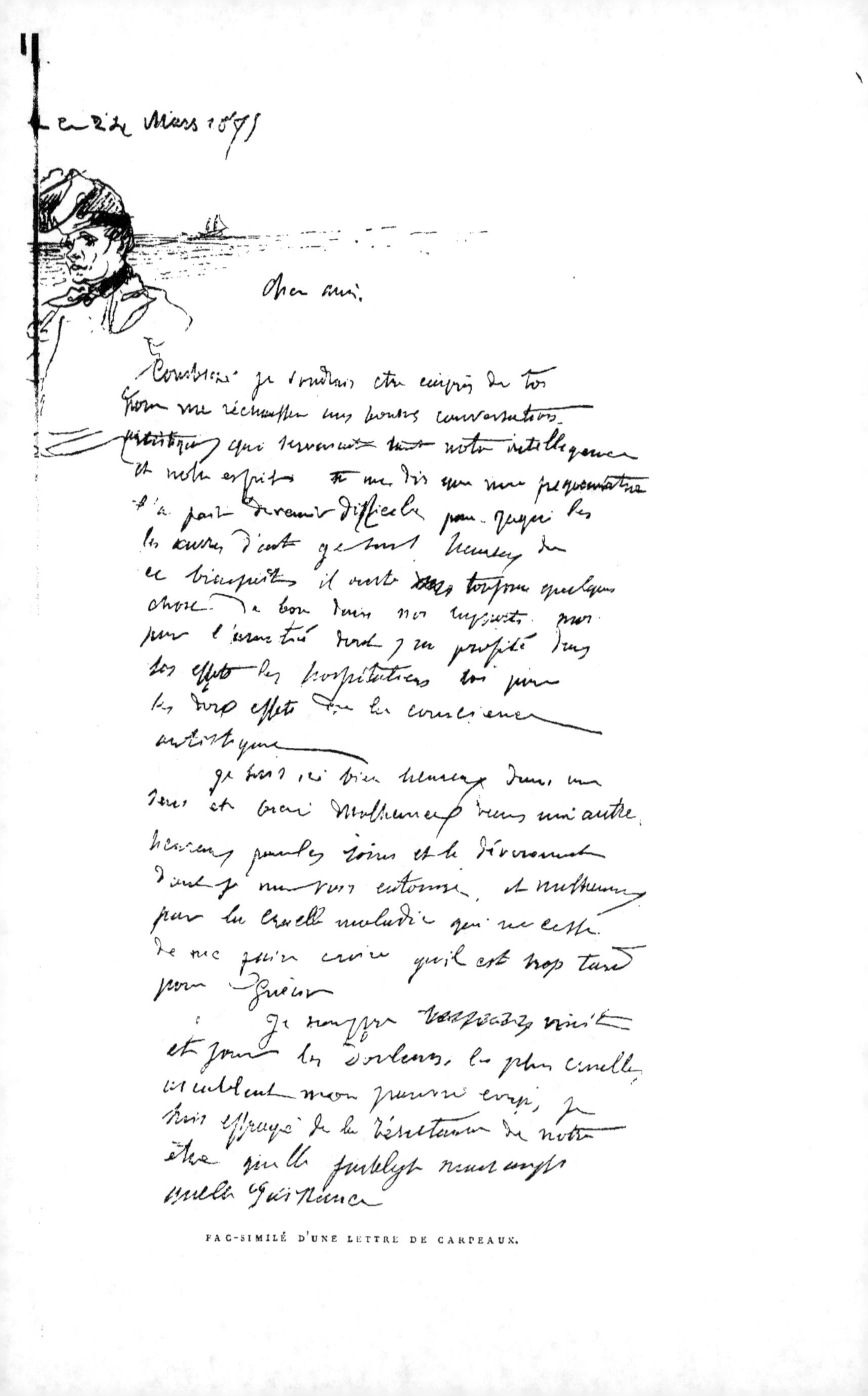

FAC-SIMILÉ D'UNE LETTRE DE CARPEAUX.

par devant, se détachant sur un fond de mer. Une voile à l'horizon).—... Il est trop tard pour guérir... Je suis effrayé de la résistance de notre être. Quelle faiblesse! Mais aussi quelle puissance!...
Mme... fait tout ce qu'elle peut pour entretenir mon esprit au-dessus
de la souffrance... Quelle âme, quel cœur! Si tu savais comme elle
a pensé, médité, pleuré sur les choses de la vie, combien elle a remué
en moi de conceptions poétiques!

Connais-tu tout ce que le prince fait pour moi? Il veut faire respecter le nom que je porte : il prend toutes mes affaires à cœur, il
veut rendre ma vie libre et indépendante, il va me créer un autre
atelier que celui d'Auteuil et faire fructifier tous mes modèles, il
va régler Me Nicquevert et sa cliente, me rendre mon fils si cela est
possible. C'est un rêve inouï.

Que faire après tant de bontés, sinon de se mettre à genoux et
dire : « Merci, mon Dieu! C'est vous qui venez à mon secours,
vous allez me placer avec vos anges sur la terre pour accomplir la
tâche que vous m'aviez confiée et que des circonstances fatales avaient
entravée. »

Quand je songe que c'est chez toi que s'est accompli ce miracle!
C'est la grâce divine qui m'a secouru. C'est elle qui va me tirer de
l'enfer où je gémissais pour me faire revoir la lumière et le ciel
étoilé.

Et la lettre s'achève dans une effusion de tendresse, par une longue énumération de noms d'amis,
de camarades auxquels il se rappelle, et en bloc :
« aux concitoyens, et à tous ceux qui ont le bonheur d'avoir la foi et l'enthousiasme de l'art. » Il se
reprend à la vie, à l'espérance. Tout à coup, sous
l'influence d'un changement de température, il ajoute
en post-scriptum : « Temps froid, mer agitée, pas de
soleil. — Cure perdue pour le docteur R., et surtout
pour moi! »

Cependant il trouvait encore quelques sourires au bout de son crayon. Un croquis, *la Médecine,* en témoigne.

Quelques jours après, il apprend que son portrait peint par M. Chérier n'a pas été reçu au Salon, il s'indigne.

LA MÉDECINE.
(Croquis de Carpeaux.)

Nice, ce 18 avril 1875. *A M. Chérier.* — Je pleure à la lecture de ta lettre. — Refusé ! — Est-ce croyable? est-ce possible ? Jamais je n'ai vu injustice semblable. — Non, ce n'est pas ton œuvre qui est refusée. C'est *moi,* moi que l'on rejette de parti pris...

J'ai dérangé l'enseignement consacré. On ne veut pas voir ce révolutionnaire. Crois-moi, cher ami, c'est pour moi que tu es frappé. Aussi pourquoi vas-tu t'aviser de faire le portrait d'un renégat ?

Ne te considère donc pas comme jugé. Ton œuvre est remarquable. Nous ne sommes pas assez ignorants Vollon, Lanwick, Bodin, Dumas, Bernard et moi pour nous tromper tous au point de ne pas voir ton mérite réel. Allons, relève-toi… Va toujours. Ce que tu sais est bien acquis. Continue avec persévérance dans la voie où je t'ai laissé. Fais des œuvres, mais surtout ne fais plus mon portrait.

Que la nature soit ton guide constant ! Vis avec elle, étudie-la sans cesse. Pas un coup de crayon, pas un coup de pinceau sans l'avoir sous les yeux. Elle seule donne la vie. Ce mystère que l'Institut ne peut pas pénétrer te sera révélé par le mouvement dans les contours comme dans les lignes. — De la confiance, de la constance surtout, et tu triompheras.

Il venait de subir une troisième opération, très douloureuse, s'était cru délivré, avait entrevu la convalescence « tant annoncée », et le mal reparaissait ; les souffrances lui « font danser la carmagnole nuit et jour ». En cette même lettre, il annonce dans les termes de la plus vive gratitude que le prince Stirbey prépare son installation dans une maison de la rue Saint-Denis, à Courbevoie.

C'est magique, mystérieux, fabuleux, renversant. Tout cela se fait à mon insu, comme par enchantement. Qu'est-ce que cela veut dire ? Je n'y puis rien comprendre.

En attendant je suis sur la grève, grelottant. Après un rayon de soleil qui ne dure pas, des nuages et un vent glacial venant des montagnes des Alpes.

Le 2 mai, un ami m'écrivait de Nice. « J'ai trouvé

Carpeaux couché sur un matelas au bord de la mer devant la villa du prince Stirbey. Son matelas est entouré de quatre morceaux de toile qui forment tente ouverte. Un très large parasol bleu ombrage le tout. Il était en compagnie de son ami Bernard, qui ne le quitte pas. Il tenait une glace à main et m'a semblé faire son buste en terre ; mais j'étais mal placé pour voir. » En effet, c'est M. Bernard qui faisait le buste de Carpeaux. On se rappelle ce portrait qui a figuré au Salon de 1876, et où le maître est représenté la tête inclinée vers la poitrine, en façon de Christ expirant. Carpeaux écrivant à Chérier lui envoie un dessin à la plume de ce buste et ajoute :

C'est une ébauche brutale et faite en deux séances de deux heures. Bl. l'a trouvé si beau qu'il a voulu qu'on fît le moulage sans y toucher davantage. Bernard t'en donnera une épreuve. Voici le croquis. Juge. Qu'en dis-tu, mon cher et vieil ami ? Ce n'est pas une pose académique ni martiale. C'est bien triste à voir. Mais que veux-tu ? Je suis comme ça.

Et revenant à son état il ajoute :

Le ventre même ne peut me servir d'appui, vu l'état de ma pauvre vessie, le côté gauche étant complètement hors de service. Il est probable que bientôt le trochanter [1] sortira de la peau. Alors il ne me restera plus que la position d'Auriol : sur la tête, les jambes au diable.

1. *Trochanter*, nom donné en anatomie à deux tubérosités que présente l'extrémité supérieure du fémur.

Le 3 mai, il écrit de nouveau à M. Chérier une
longue lettre au crayon. C'est le moment de l'ouver-

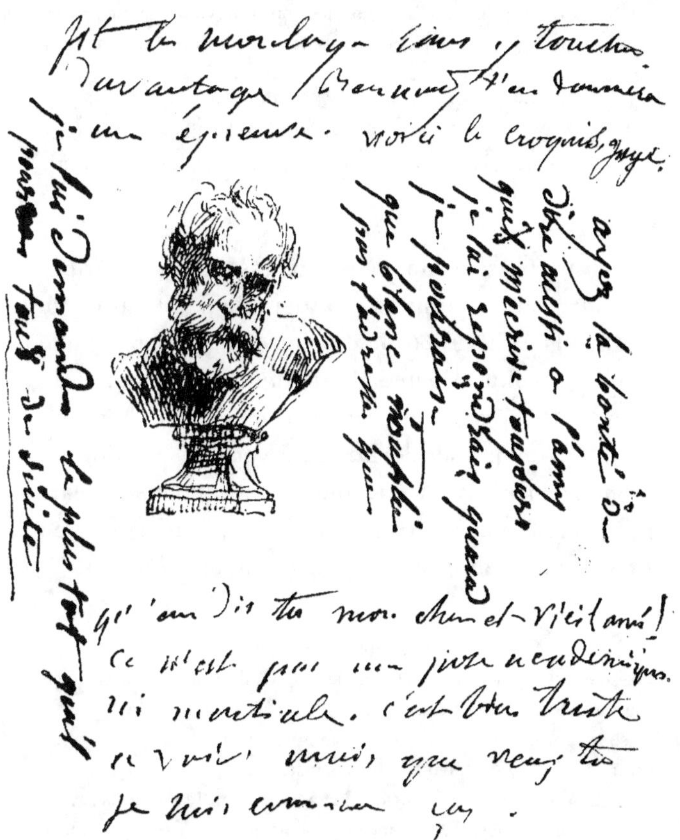

Fac-similé D'UN BILLET DE CARPEAUX.

ture du Salon, il revient et insiste sur le refus de
son portrait qui l'a tant affecté.

Mon brave ami, ta lettre découragée me fait beaucoup de peine. La pensée qui a présidé à l'exécution de mon portrait était, je crois, de laisser un souvenir de nous à notre chère ville de Valenciennes. Ce n'était donc pas à l'Institut que nous devions montrer nos œuvres, mais à nos compatriotes, à nos contemporains qui du reste ont bien apprécié ton œuvre. Si j'étais près de toi, je ne te laisserais pas t'abattre... Regarde ton dessin d'*Ève* et dis comme Houdon : « Eh bien, qu'ils en f..... autant. — Pas de défaillance. Remonte-toi par la contemplation de la nature. C'est le seul soutien de ma triste vie.

Ici un passage des plus intéressants sur l'antipathie que lui inspirait la photographie, antipathie de vieille date. En 1866, lui ayant demandé pour une publication illustrée une photographie de la statue du prince impérial, il me répondait : « Très cher ami, je vais m'empresser de mettre à votre disposition un croquis du prince. Cette indication, quelque imparfaite qu'elle puisse être, aura plus d'harmonie qu'une photographie interprétée plus ou moins bien. »

Va voir Mme.., elle te montrera un carnet que je lui ai dédié. Ce sont des scènes de pêcheurs, des motifs de la nature pris où je souffre. Mme... me dit que ce carnet est un bijou. Est-ce vrai ? Je n'ose le croire ; mais c'est par ces analyses de la nature que je me raccroche à la vie pendant quelques instants.

Elle a aussi mon portrait dessiné à la lampe. Je voudrais savoir ce que tu en penses. Mme... me demandait de faire faire ma photographie. Tu connais ma profonde appréhension de ce moyen de faire de l'art mécanique. J'ai pris mes crayons malgré de violentes douleurs et, en une heure et demie, j'ai fait ce croquis. Je voulais le pousser, mais hélas ! la violence du mal m'a arrêté. Quoi qu'il en soit, tu verras une protestation anti-photographique.

Malgré le caractère tout intime du passage suivant, il accuse une telle mélancolie, en raison du
contraste si vivement senti des situations, que je ne
puis le supprimer :

Je suis sensible au bon souvenir de ta famille. J'admire ton cher
et vénérable père. Ton culte est admirable. Cela me fait regretter
de n'avoir pas ce même bonheur : amour, estime, travail quotidien
pendant de longues années avec la couvée éclose sous un sourire,
couvée qui grandit, prend son vol au soleil et retourne au foyer
paternel pour y porter la joie, le succès, les sentiments filiaux qui
comblent le cœur des vieux parents.

M. Chérier dans ses lettres l'entretenait du Salon,
notamment du succès de M. Falguière, le statuaire,
qui avait exposé son tableau des *Lutteurs*. Il répond.

Ce que tu me dis de Falguière ne me surprend pas. J'ai vu il y
a cinq ans cette toile commencée; tous ses amis peintres lui ont
donné de bons avis, de bons exemples ; on va vite quand on est bien
dirigé. Chapu est un garçon de goût. Il peut avoir tes suffrages surtout pour un sujet aussi sympathique que Regnault. Je te remercie
de me donner ton impression sur le groupe de Perraud et de me
dire que je reste maître dans les œuvres décoratives du Luxembourg [1].

De jour en jour ses souffrances physiques aug-
mentaient. Malgré l'affreuse monotonie de cette

---

1. M. Chapu avait exposé l'admirable figure en marbre de *la Jeunesse* qui fait partie du monument élevé à Henri Regnault et aux
élèves de l'École des beaux-arts, tués pendant la guerre ; et M. Perraud
le groupe en marbre intitulé *le Jour*, qui est placé dans un des jardins
de l'avenue de l'Observatoire.

longue plainte d'une année, comment la tairions-
nous lorsqu'elle s'exprime en de tels termes, toujours
dans cette longue lettre du 3 mai, que pourtant j'a-
brège?

Que puis-je te dire de moi, sinon que je suis perdu? Je souffre
sans répit... Ce que j'endure, ce que je souffre, ce que je crie, est
impossible à décrire! Personne ne peut me soulager... Je rugis
comme au boulevard Saint-Jacques (quand il était chez M. Chérier).
Ah! si je n'avais pas des êtres qui me sont chers, j'en aurais bientôt
fini avec la vie. Mais je dois résister pour Charles. J'attends l'issue
du procès. Je me dois aussi à toi, à Mme.., qui avez tant fait pour
me sauver ; mais hélas! vous ne verrez qu'un cadavre. Je maigris
de jour en jour. La région inférieure est effrayante à voir, le bassin
surtout. Les jambes sont dépouillées du peu de chair qui me restait
chez toi : un vrai squelette! — L'estomac se perd, je n'ai plus
d'appétit... Ma fin s'avance, je le sens! Mais je voudrais aller jusqu'à
la conclusion de la séparation, afin de savoir quel sort est réservé
à Charles, mon soutien dans cette triste lutte. Je me soumets à la
volonté du ciel qui a décidé de ma dernière heure.

Si je n'avais pas Bernard auprès de moi, je ne sais ce que je de-
viendrais... Le docteur R. me conseille la mer et le soleil de Nice
aussi longtemps que je pourrai les supporter... Tu vois mon triste
sort. Il est arrivé au bout des choses possibles. Je ne pouvais pas
échapper à la ruine par un chemin plus douloureux.

A un autre ami, le 11 mai, il écrit : « Il faut se
résigner. Mais *c'est raide!* » Et le 24 mai, comme
s'il n'était pas assez cruellement torturé dans sa
chair, un jugement dont nous avons parlé plus haut
lui ayant retiré la direction de son atelier, il écrit
une lettre désespérée.

On a obtenu ce jugement en me faisant passer pour *fou!* Je suis dépossédé de tout mon avoir... Me voici sans une pierre où poser ma pauvre tête. J'ai l'hôpital en perspective... Je veux aller en appel, faire constater mon état mental et attaquer cet affreux jugement... Me vois-tu chaque jour avec un contrôle sur le dos!.. obligé de rendre compte de ce que j'ai produit dans ma journée et d'en inscrire la valeur !

C'est la dernière lettre de Nice qui m'ait passé sous les yeux.

XVI

1875

Carpeaux rentre à Paris ou plutôt il entre dans cette jolie maison que le prince Stirbey avait préparée pour lui à Courbevoie, à deux pas du château de Bécon et de ses terrasses où il passait de longues journées de contemplation et de causerie avec ses admirables amis. C'est là qu'il a laissé tomber de sa main mourante la dernière fleur de son crayon, ces bluets qui portent sa signature au frontispice d'un touchant roman de Gustave Haller. *Gustave Haller* est le pseudonyme littéraire de cette dame dont le nom figure avec une si respectueuse admiration, avec une si profonde reconnaissance, dans toutes ses lettres de Nice.

L'heure de la délivrance finale approchait au milieu des mêmes et continuelles souffrances ; cependant il se reprenait parfois à espérer, subissait avec confiance les plus douloureuses opérations (quatre en dix-sept jours). Au mois d'août, deux mois avant sa mort, il parlait encore de l'avenir.

J'ai reçu votre lettre avec un vif plaisir, écrit-il à M. Alexandre Dumas. Elle me témoigne la continuation de votre amitié et la garantit dans l'avenir, si Dieu me réserve cette faveur, avenir dont je ferai le plus digne emploi, car les souffrances m'ont bien fait réfléchir sur la vie.

Je souffre avec résignation, mais cependant je n'ai plus l'usage de mes jambes ! ce qui complique mon état en m'interdisant le moindre mouvement. Que c'est cruel, mon cher ami ! Il ne me reste que la station couchée ; que c'est dur pour mes pauvres os ! Mes jambes ne désenflent pas aussi rapidement que le docteur me le faisait espérer. Quelle rage concentrée ! Quelles douleurs physiques et morales !

Deux joies encore lui étaient réservées avant qu'il mourût. Dans les premiers jours du mois d'août, il reçut la croix d'officier de la légion d'honneur. Faut-il dire que les démarches du prince Stirbey et de M. Alexandre Dumas y furent nécessaires? Hélas! oui, puisque cela est vrai. Au moins le ministre des beaux-arts, qui était alors M. Wallon, s'exécuta-t-il avec bonne grâce. Il était d'ailleurs le compatriote de Carpeaux.

A cette occasion celui-ci écrit à M. Chérier.

Courbevoie, ce 8 août 1875. — Cher ami, merci de tes félicitations pour ma nomination d'officier de la légion d'honneur. Ce qui me l'a rendue plus chère, c'est que le ministre me l'a remise hier personnellement au château de Bécon. Le prince assistait à l'entre-

vue. La conversation a été vive et intéressante. Mais j'y ai bien tenu
ma part. Je n'ai pas oublié Abel de Pujol. — Enfin les émotions
sont venues après le départ du ministre qui m'a embrassé deux fois
en me remettant la croix d'officier. J'ai souffert beaucoup. Je me
suis trouvé mal... Aujourd'hui, je me sens mieux, mais bien faible.

Hélas! A toi de cœur.

Comme c'est difficile de mourir !

La seconde joie qui lui fut accordée fut d'accomplir ses devoirs de chrétien. Le prince Stirbey le
voyait perdu sans ressource. Aussi loin que fussent
allées les confidences de Carpeaux dans leurs conversations de la terrasse, jamais la question religieuse
n'avait été effleurée entre eux. Jusque-là le prince y
avait mis une discrétion absolue. Cependant il se
faisait scrupule de ne pas l'avertir, voyant le péril
imminent. Sur ces entrefaites, une jeune enfant,
filleule du prince, vint à Courbevoie. Elle avait fait
récemment sa première communion à Paris et se
proposait de retourner à la sainte table. Le prince
résolut d'avoir recours aux grâces de l'enfant. —
Carpeaux était si doux et si docile à l'enfance! —
Mais auparavant, pour se rendre compte de son
opinion religieuse, il lui raconta d'une façon quelque
peu insidieuse comment lui-même, très jeune homme,
se promenant dans l'avenue de l'Observatoire en
compagnie de l'illustre Arago, celui-ci avait été ac-
costé par un de ses collègues de l'Institut, qui, au courant de la conversation lui dit : « Oh! vous autres
astronomes, vous ne croyez à rien. » Arago s'était
révolté et avait répondu : « Qui plus que nous vit

près de Dieu? » A ces mots Carpeaux interrompant
le prince s'écria : « Mais, moi aussi, j'ai vécu dans

CRUCIFIX

D'après une maquette de Carpeaux.

le sein de Dieu! Dans mon art, qu'ai-je fait autre
chose que de chercher sa vérité? »

Rassuré, le prince Stirbey donna ses instructions
à sa filleule, et le lendemain l'enfant disait au malade :
« Voulez-vous me faire une grande joie, monsieur
Carpeaux? — Sans doute, ma chérie. — Je commu-
nie demain, voulez-vous communier avec moi? » —
Carpeaux resta un moment interdit, silencieux, réflé-
chissant. Puis il reprit : « Mais, c'est que je ne suis
pas préparé. — Oh ! si ce n'est que cela, ce sera
bientôt fait, mon directeur est si bon! » La fillette
partit le jour même pour Paris, ramena un prêtre
à Carpeaux qui se confessa. Le lendemain comme il
allait à l'église de Courbevoie avec la jeune fille,
accompagné par le prince, celui-ci rencontra le
facteur qui lui remit un pli de M. Wallon, lui annonçant que Carpeaux était promu au grade d'officier de la Légion d'honneur. Le prince détacha la
rosette de sa boutonnière, la mit à celle de l'artiste
qui alla communier, doublement heureux.

De crise en crise il atteignit les premiers jours
d'octobre. Le 11, à huit heures du soir, l'agonie commença terrible, accompagnée aux premières heures
de cris déchirants, parmi lesquels on distinguait ces
mots : « La vie ! la vie! » Le 12, un mardi, à six
heures un quart du matin, Carpeaux rendait le dernier soupir.

S'il y avait quelque motif de se consoler, c'est
que pour Carpeaux la mort fut une délivrance, une
sortie d'enfer. Depuis si longtemps il souffrait! Selon

l'énergique expression populaire, il souffrait « mort
et passion ». Quelle horrible chose! cette grande
âme tout à coup privée de la joie de s'exprimer,
cette énergie subitement condamnée à l'inaction,
cet idéaliste immobilisé par l'anus! Est-il rien de
plus tragique?

A peine s'il avait les yeux fermés que de tristes
débats judiciaires sont venus révéler les plaies se-
crètes de sa vie privée. On eût pu croire que par la
mort ces pauvres membres que la maladie, avec de si
cruels raffinements avait déjà ciselés pour le sé-
pulcre, seraient entrés dans le repos. Sa douloureuse destinée lui a disputé jusqu'à cette paix du
charnier. Elle a voulu que sa dépouille mortelle fût
colportée de tombe en tombe, d'église en église,
tour à tour à Courbevoie, à Auteuil, à Valenciennes,
avec accompagnement de papier timbré.

Valenciennes, sa « chère ville », lui a fait à la fin
de royales funérailles. Puisse-t-il dans la terre natale goûter désormais l'éternelle quiétude que l'É-
glise a par trois fois appelée sur lui!

Son œuvre si brusquement interrompu reste livré à l'étude et à l'admiration. Par son testament,
sans valeur légale, il avait légué au musée de Valenciennes tous les modèles en plâtre et les dessins de
ses compositions, ainsi que la collection des croquis
exécutés par lui à Rome et partout où il avait
voyagé; mais à la condition que sous la surveillance
du conservateur du musée ses œuvres seraient repro-

duites et répandues aussi largement que possible.

Sous une forme un peu différente, cette partie
au moins des dernières volontés du grand artiste sera
accomplie. Possesseur de douze cents dessins environ et continuant avec une admirable générosité
envers le maître disparu l'œuvre de dévouement qu'il
accomplissait auprès de l'ami vivant, le prince Georges Stirbey fait reproduire en fac-simile par les procédés de photogravure toute sa collection. Lorsque
l'ensemble sera réuni en album et livré à la publicité,
le grand seigneur se propose de partager les originaux entre les musées du Louvre et de Valenciennes.

De tels actes se passent d'éloge. L'histoire de
l'art français en gardera mémoire. On ne saurait
trop honorer la noblesse d'intelligence et la constance de cœur qui les ont inspirés. Après avoir adouci
dans la mesure du possible l'horreur des derniers
mois de Carpeaux en son existence terrestre, le
prince aujourd'hui travaille à étendre le rayonne-
ment de sa gloire dans cette existence idéale qui
s'ouvre à la mort des hommes de génie.

Sans avoir eu d'atelier d'élèves, Carpeaux est un
des chefs d'école de la statuaire moderne. Son influence est restée sensible sur les artistes qui sont
venus après lui et son action est saine, fortifiante,
parce qu'elle se rattache aux belles traditions de
notre sculpture française. Aux funérailles du maître,
M. de Chennevières, alors directeur des Beaux-Arts
et qui a toujours témoigné d'un sens si profond de

notre art national, l'a dit en termes excellents qu'il faut rappeler :

Quelle que soit en théorie la loi originelle de la statuaire, quelles que soient ses conditions idéales de simplicité et de sobriété, il faut bien nous avouer à nous-mêmes que la sculpture française, qui a fait assez bonne figure entre toutes les autres écoles du monde moderne, n'a jamais été une sculpture très tranquille. Depuis Jean Goujon et Germain Pilon, depuis les Anguier et Puget, et Coysevox, et les Coustou, et Bouchardon, et Houdon, et Caffieri, jusqu'à Rude et à David, nos maîtres, pour être expressifs, n'ont jamais craint d'être tourmentés... Quand une école va tourner à la froideur, à la petite manière et à l'affaiblissement, s'il survient un homme qui lui rappelle que la vie est quelque chose dans la représentation des êtres vivants, et qu'une société aussi mouvementée que la nôtre ne peut guère s'exprimer que par le mouvement ; si, par l'exemple de ses œuvres, il fait rentrer cette école dans la tradition constante des plus illustres artistes de son pays, nous pouvons proclamer hautement qu'il a bien mérité de ce pays, et que son nom a droit d'être inscrit sur la liste de ses plus glorieux enfants. Il a droit à l'éternelle vie, au souvenir éternellement reconnaissant de notre école, celui qui, dans l'art dont il fit sa passion, a rappelé la vie, la vie, but suprême de sa trop courte, mais laborieuse carrière, cri dernier, vision dernière de ce pauvre Carpeaux à son heure d'agonie.

En 1867, un critique, après avoir longuement parlé du statuaire qui nous avait déjà donné le *Petit pêcheur*, l'*Ugolin* et le *Papillon de Flore*, ajoutait les lignes suivantes : « Je dirai peut-être un jour comment ce talent s'est révélé, s'est formé, par quelles traverses il a passé, de quels obstacles amoncelés par les fatalités de la vie il a triomphé victorieusement ; je dirai au prix de quelle dépense de volonté — la volonté, un mot qui résume toute

la vie de Carpeaux! — au prix de quelles luttes et de
quels efforts il est arrivé à prendre le premier rang
dans la statuaire française de son temps. » Celui
qui écrivait ces lignes il y a douze ans s'est tenu
parole. Il a tenté d'acquitter, en ce livre, sa dette
envers l'ami et envers le maître.

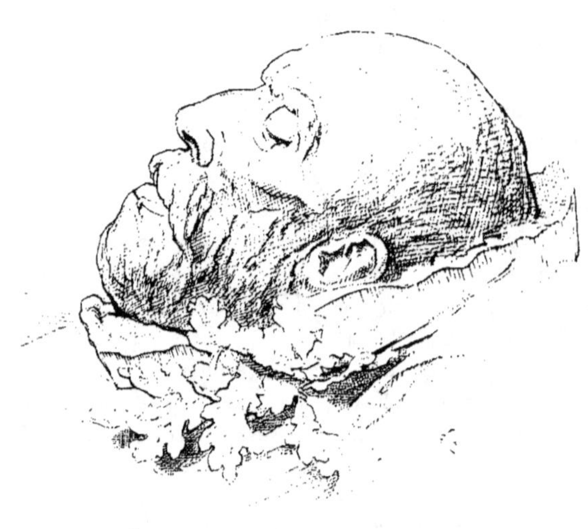

MASQUE DE CARPEAUX,
D'après le moulage exécuté après sa mort
appartenant à M. Brame.

SOUVENIRS — DOCUMENTS

CHRONOLOGIE

DE L'ŒUVRE

DE J.-B. CARPEAUX

CHRONOLOGIE DE L'ŒUVRE

DE J.-B. CARPEAUX

SOUVENIRS ANECDOTIQUES

Carpeaux était un artiste aussi grand que modeste ; je dis modeste, car voici les paroles qu'il adressait quelques jours avant sa mort au prince Stirbey :

« J'ai la vie, le mouvement ; j'aurais atteint la noblesse, la grandeur... je le sens. »

Le prince Stirbey venait d'acquérir le beau groupe *l'Amour blessé*, une des dernières productions de Carpeaux, lorsqu'il apprit la douloureuse maladie de l'artiste. Il s'empressa de lui offrir l'hospitalité dans la propriété qu'il possède à Nice.

Ramené en juin à Paris, Carpeaux fut installé par le prince dans une coquette habitation située à deux pas de son château de Courbevoie. Une maison blanche à trois étages, gaie comme le paysage environnant, dans laquelle le luxe avait été remplacé par le confortable le plus exquis. C'est une véritable demeure d'artiste ; le petit jardin qui précède le perron est rempli de verdure ; la grille d'entrée est ombragée par des tilleuls, assez bas pour donner de l'ombre au besoin, mais ne point gêner la vue. De la fenêtre de sa chambre à coucher, le malade pouvait embrasser tout le paysage dont le grand bras de la Seine forme le premier plan.

La promenade favorite du grand artiste était le parc du château de Bécon. Le malade, après avoir humé le grand air à pleins poumons, se faisait arrêter sur la plate-forme, à ce point culminant, trop célèbre malheureusement, car c'est de là que l'armée de Versailles dut bombarder Paris. On couchait Carpeaux sur un canapé, et il passait là toutes ses journées, absorbé dans la contemplation de la nature.

Carpeaux avait le culte de Michel-Ange. Grand était son désir d'assister au centenaire de ce dernier ; mais la maladie l'en empêcha ; et le jour même où l'Italie tout entière couronnait l'auteur de *Moïse*, il couronnait, lui aussi, à Bécon, la statuette de *Michel-Ange enfant sculptant son satyre,* œuvre d'un artiste italien de grand talent. A ce couronnement assistaient quelques amis et, ce jour-là, le cher artiste oublia un instant la mort qui l'appelait et son martyre ; il espéra.

Carpeaux, né en 1827, à Valenciennes, de parents pauvres, fut envoyé à l'école des Frères. Tout petit il fouillait le fond des fossés pour en retirer l'argile qu'il moulait en figures bizarres mais toujours expressives.

A son dernier ouvrage, *l'Amour blessé,* se rattache une touchante histoire. Un soir, la domestique, d'un mouvement irréfléchi, luxa le bras du petit garçon de Carpeaux, qui avait quatre ans et élevait une colombe. Pour calmer le petit blessé on lui apporta celle-ci, et l'enfant oubliant sa douleur s'isola avec son oiseau favori. A cette vue, l'artiste un instant remplaçant le père, Carpeaux fit poser le petit Charles sous les feux d'une lumière électrique et modela la

première ébauche de cette gracieuse statue devenue la propriété du prince Stirbey.

Les travaux du pavillon de Flore achevés, M. Lefuel,
architecte, prévint Carpeaux que son bas-relief représentant
le *Triomphe de Flore* prenait trop de place et que son travail ne pouvait y rester. Désespéré, Carpeaux en référa à
l'empereur, et le lendemain son œuvre, dégagée des écha-
faudages qui la cachaient, apparaissait aux yeux du public,
et l'admiration de celui-ci donnait plein et entier gain de
cause au grand artiste.

Carpeaux, comme toutes les natures d'élite, avait le sentiment religieux. — On raconte que lorsqu'il concourait à
l'atelier de Rude pour le prix de Rome, il se rendit un
jour dans la chapelle de l'église Saint-Sulpice, et qu'il en
sortit, disant : « La Vierge m'a promis que si je travaillais
j'aurais le prix de Rome. »

Pendant toute sa maladie, il a tenu à ne pas manquer le
service divin le dimanche. — (?)

Dernièrement, en se rendant, poussé dans sa petite voiture, afin de communier, à l'église Saint-Pierre de Courbevoie, le facteur lui remit une lettre de M. Wallon, son
compatriote, lui annonçant sa nomination d'officier de la
Légion d'honneur. Ce fut le prince Stirbey qui, détachant
sa rosette, la lui offrit. « Ah ! merci, lui dit Carpeaux, c'est
le bon Dieu qui va en avoir l'étrenne » ; et il se la fit mettre
à la boutonnière avant de s'avancer vers la sainte table.

Le lundi 11 octobre, à huit heures du soir, son agonie
commença ; à dix heures et demie, sentant la vie l'abandonner, il réunit tout ce qui lui restait de forces, et, tirant
à lui sa vieille mère septuagénaire, il murmura : « O ma
mère, ma petite mère, je t'aime de tout mon cœur ! » Ce
furent ses dernières paroles. A six heures et demie du matin, le grand statuaire rendait le dernier soupir après des
souffrances atroces.

Avant de mourir, il exprima le regret de partir sans
avoir vu son fils Charles, et remercia le prince Stirbey,
l'hôte distingué qui lui avait assuré une fin digne et tranquille.

Il est de notre devoir, au nom des arts français, de
rendre ici un éclatant hommage à la conduite du grand
seigneur, du prince Stirbey, qui a disputé à la mort celui
qui fut le plus grand sculpteur de son époque.

M. le prince Stirbey avait pour Carpeaux des attentions
de prince et d'artiste. Il cherchait toutes les occasions d'allé-
ger ses souffrances, et avait ces délicatesses dont les natures
d'élite ont seules le privilège. Non content d'éloigner de
ce lit de douleur les créanciers qui le menaçaient, il en fit
approcher la famille et les amis. Pour tout dire, en un mot,
il fit des prodiges d'affection et de générosité discrète dont
l'art ne saurait être trop reconnaissant.

(Monde illustré.)

Depuis longtemps, jour par jour, heure par heure, nous
avons suivi la poignante agonie du malheureux artiste qui,
dans ses terribles souffrances, a eu cette grande consolation
d'être comblé des soins les plus dévoués.

Cette consolation, il la doit tout entière au prince Stirbey et aux personnes dévouées dont ce bienfaiteur l'a entouré.

Carpeaux a été soigné jusqu'à sa dernière heure par sa
mère, qui, malgré son âge, a trouvé dans sa tendresse des
forces surhumaines.

Il nous disait, il y a quatre jours, en nous la montrant :

« Est-ce triste qu'une femme de cet âge veille son
fils ? »

Le célèbre sculpteur était tellement plein de son art que tout s'effaçait devant lui.

Après l'exemple qu'on vient de lire et qui le montre prenant pour modèle son fils malade, en voici un autre, qui date presque de la fin de sa vie.

Il y a quatre ans maintenant, son frère Charles, qui vivait loin de la famille, était agonisant. Carpeaux l'apprend par hasard et court chez le moribond, qu'il trouve expirant dans les bras de sa mère.

Carpeaux chercha de l'argile, Dieu sait où, et, sous la lumière d'une seule bougie, il acheva dans la nuit un buste du mort dont les marchands se sont emparés et qu'on peut rencontrer encore.

Le buste de Carpeaux lui-même existe. Il a été fait cet hiver à Nice, sous les yeux du modèle, par Bernard, un vieil ami.

Dans les nuits d'insomnie Carpeaux éveillait cet ancien camarade et lui faisait tout retoucher ou refaire. On peut dire que ce travail, qui vient d'être terminé, est de Carpeaux lui-même.

Alors qu'il était élève à l'École des beaux-arts, il faisait, pour vivre, des bustes au prix de cinquante francs. La seule œuvre capitale qui demeure inachevée est un buste de l'impératrice Eugénie.

Comme toutes les existences d'artistes célèbres, la vie de Carpeaux fourmille de cent anecdotes où l'originalité a la part large.

En voici une :

Quelques années avant la guerre, sa ville natale, Valenciennes, l'invita à un banquet donné en son honneur.

Carpeaux faillit manquer le train ; il arriva tellement tard, que l'employé du chemin de fer, qui déjà fermait les portes, lui refusa le passage.

Carpeaux fit un faux pas calculé, qui provoqua la chute de quelques louis adroitement jetés ; l'employé s'empressa de l'aider à les ramasser. Il se baissa, et le sculpteur, lui passant à saute-mouton par-dessus le dos, gagna le train sans davantage s'occuper de son argent.

Lorsqu'il fut question de choisir une statue à placer sur la façade de l'hôtel du *Figaro*, M. de Villemessant forma un jury composé de MM. Guillaume, Falguière, Perraud, Renault, Saint-Victor. Carpeaux, en raison de son talent et de sa notoriété, fut invité à en faire partie.

Il accepta immédiatement, et ses collègues se rappellent avec quelle conscience il s'acquitta de cette tâche. Nous nous rappelons avec quel scrupule il examinait chaque statue, cherchant à se rendre compte de son ensemble et de l'aspect qu'elle présenterait mise en place. Celui qui écrit ces lignes se rappelle l'avoir vu se mettre sans plus de façon à plat ventre pour mieux se rendre compte du point de vue d'une des esquisses présentées.

« Voilà comment on la verra de la rue ! disait-il ; on ne peut bien juger que comme cela ! »

Un déjeuner eut lieu au café Riche après que le choix du jury fut arrêté.

Carpeaux, très gai, causait avec l'abandon d'un enfant. Vers la fin du repas, il prit une allumette et fit, avec le bout carbonisé, une sorte de portrait-charge de M. de Villemessant.

« C'est égal, disait-il en sortant à l'un de nos collaborateurs, j'aurais aimé travailler à ce concours.

— Pourquoi ne l'avez-vous pas fait? lui demanda-t-on.

— Pourquoi? Parce que je suis un arrivé, comme on dit, et qu'il faut laisser travailler les jeunes. »

Néanmoins cette idée de faire une statue de Figaro lui revint à l'esprit, et il en modela depuis une ébauche charmante, qui figure parmi ses œuvres.

———

Carpeaux avait une passion effrénée, celle de la danse. Pendant son séjour à Rome, il ne manquait jamais d'aller le dimanche, en compagnie de quelques amis, danser la tarentelle au son du tambourin avec les gens du peuple au Transtévère.

Il excellait dans cette danse et ne manquait jamais de réunir autour de lui, lorsqu'il s'y livrait, un cercle nombreux. Il fit même, par le seul prestige de son talent chorégraphique, la conquête d'une jeune Transtévérine. Malheureusement la belle était fiancée, et son promis, fidèle aux bonnes traditions romaines, fit dire à Carpeaux que, s'il continuait à venir prendre ses ébats au Transtévère, il pourrait faire une connaissance trop intime avec la lame de son couteau. Cette menace donna à réfléchir à Carpeaux, et il y avait lieu. On sait qu'il existait un édit pontifical qui défendait, à Rome, la vente des couteaux pointus, la population en ayant fait un usage un peu trop indiscret.

Carpeaux se rejeta sur l'étude de la musique ; il avait un goût très vif pour cet art. Il ne manquait jamais, le soir, en rentrant à la villa Medici, de passer chez Samuel David et de lui demander de lui jouer des fragments de la *Norma* et de la *Somnambula,* ses opéras favoris, ce que le jeune maestro exécutait sans trop de difficultés.

Mal lui en prenait quelquefois ; notre statuaire, doucement bercé par les mélodies de Bellini, ne tardait pas à s'étendre sur le lit du compositeur. Un sommeil de plomb s'emparait de lui, et Samuel David n'avait alors d'autre ressource que de s'emparer de la clef de Carpeaux et d'aller se coucher chez lui.

C'est vers cette époque que Carpeaux terminait son admirable groupe d'Ugolin.

———

Toute sa vie Carpeaux a travaillé pour vivre. Et c'est au moment où la gloire assurait forcément la prospérité qu'il a été atteint de la maladie cruelle qui, depuis mars 1874, l'a tenu cloué sur un lit de souffrances.

C'est à cette époque qu'on lui fit l'opération de la pierre. Peu de temps après se déclara le cancer, et depuis ce moment la douleur régna sans trève ni repos, implacable et terrible.

Tous les Parisiens connaissent la route, qui, sous le nom de rue Saint-Denis, va d'Asnières à Courbevoie en passant derrière le château de Bécon. C'est là que le malade occupait une petite maison de campagne, à un étage, regardant Paris.

Une grille découvre un perron au pied duquel attendait la petite voiture dans laquelle Carpeaux se faisait promener toutes les après-midi.

Un domestique le poussait et sa gouvernante l'accompagnait. Elle se nomme Mme Josse.

Cette pauvre gouvernante est le dévouement même; depuis six mois, il n'est pas de nuits où elle ait goûté plus de deux heures de sommeil.

———

Nous avons eu l'occasion de parler de Carpeaux avec un de ceux qui le regrettent le plus : Garnier, l'architecte

du nouvel Opéra, qui a été pour lui un camarade des premières années. Le buste de Garnier est une des plus fières
œuvres de ce statuaire plein de grandeur et d'emporte-
ment.

Voici un détail bien ignoré que nous donnait M. Garnier :

Carpeaux était, en 1840, élève de la petite école de
dessin de la rue de l'École-de-Médecine. C'était alors un
vrai gamin de Paris, presque un faubourien, assez indisci-
pliné, mais solide au travail. Nous avons fait ensemble de
la sculpture, et je me rappelle toujours que, dans un concours trimestriel, ayant pour sujet des *attributs de pêche,*
j'ai eu le prix avant lui. Quel succès !

Il travaillait un peu comme on travaille au théâtre ;
ayant l'air comme on dit à l'atelier, de *faire du chic.* Sa nature le voulait ainsi. Il prenait des attitudes à la Mélingue,
se cambrant, regardant son modèle dans le blanc des yeux,
allongeant le bras et plaçant une boulette de terre en cli-
gnant l'œil ; puis s'éloignant en penchant la tête, revenant furieusement placer une autre boulette, crachant sur
son pouce et polissant un petit coin. Il ne se servait pas de
l'ébauchoir et ses doigts faisaient la plus grande besogne.
De temps en temps il s'emparait d'un morceau de bois quelconque, et s'en servait en guise d'outil improvisé.

Lorsqu'il fit le groupe de l'Opéra, — son modèle en
terre était une vraie merveille, bien supérieure comme exécution à son groupe de pierre, — il avait souvent devant
lui trois ou quatre modèles de femmes, qui posaient en-

semble, quelquefois accompagnées du jeune monsieur qui complète le groupe. Il modelait à droite et à gauche, interprétant avec une grande vivacité les membres qu'il avait sous les yeux ou les haillons qui étaient jetés sur quelques coins de ses modèles.

Pendant que ces filles étaient exposées sur des tréteaux branlants, son atelier était plein de gens qui entraient et sortaient, de praticiens et même de quelques amateurs célèbres. Quand la séance était terminée, Carpeaux faisait venir quelques litres de vin : artistes, modèles et visiteurs trinquaient à qui mieux mieux. Quelquefois même on se transportait en bande chez le marchand de vin du coin, où Carpeaux se livrait à des théories sur l'art. Du reste, il était fort intéressant à entendre, et dans ses phrases, qui avaient un peu le pittoresque de l'ancienne Courtille, se rencontraient des vues artistiques très profondes et très personnelles.

Il convient ici de rappeler un incident qui occupa la chronique parisienne pendant un grand mois : l'accident des taches d'encre lancées sur le groupe de l'Opéra.

On n'a jamais bien su qui était l'auteur de cet acte de vandalisme, quoiqu'on ait soupçonné beaucoup de monde, et jusqu'à Carpeaux lui-même.

Parmi les praticiens qui étaient alors occupés à l'Opéra, l'opinion générale est que le coupable était un jeune faubourien, protégé par une des « dames modèles », laquelle était jalouse d'une de ses camarades de groupe.

Malheureusement il lança mal ses bouteilles, et toutes les figures furent atteintes.

Il était adoré de ses élèves et de ses praticiens : son sans-façon, sa bonhomie et surtout son bon cœur lui faisaient des amis dévoués de ceux qui l'entouraient.

Malgré sa nature et sa tournure essentiellement populaires, Carpeaux était fort recherché dans le monde, où il se plaignait d'avoir l'air, à cause de l'habit, d'un forgeron endimanché. Rien ne lui seyait aussi bien que sa vareuse d'atelier : c'est, du reste, ce qui est commun à bien des artistes... Il dessinait fort bien et faisait de charmants croquis. Seulement il avait le travers de prendre son album quand il était dans un salon plein de monde, et, se plaçant comme s'il se cachait, mais de façon pourtant à ce que tout le monde le vit, il ébauchait des portraits et des silhouettes, en fronçant le sourcil comme s'il portait l'univers dans sa tête.   PH. GILLE. (*Figaro*.)

Un souvenir à propos de la *Statue du prince impérial*.

C'est sur la demande de l'impératrice que Carpeaux fut appelé aux Tuileries, pendant que l'empereur était en Algérie. Chaque jour l'enfant, tenant en laisse Néro, le chien favori de son père, venait poser devant l'artiste une heure ou deux.

Bientôt le modèle, qui prenait plaisir à voir travailler un homme de talent comme M. Carpeaux, se métamorphosa en élève, et, en peu de temps, sous ses doigts délicats, naquirent trois œuvres, sinon parfaites, au moins fort remarquables, eu égard à l'extrême jeunesse de l'auteur.

Ces trois ouvrages : *Un lancier à cheval*, et deux bustes, celui de l'*Empereur* et celui de *M. Monnier*, précepteur du prince, furent moulés par Carpeaux et offerts à S. M. Napoléon III, au retour de son voyage [1].

---

1. A ces quelques œuvres modelées par le prince impérial, il faut

On a raconté, à propos du sculpteur Houdon, une anecdote caractéristique :

On avait placé dans une des cours de l'Institut, où le
vieux Houdon avait son atelier, une Diane qu'il avait faite
et dont il était très fier.

De temps en temps on voyait l'artiste sortir de son atelier, marchant à petits pas, fort affairé, ayant sous son bras
un petit plumeau, une brosse, des linges. Il s'approchait de
sa Diane, et, se hissant sur une chaise, il commençait son
nettoyage : nettoyage délicat, plein d'égards et de sollicitude, où l'on devinait la main d'un père et d'un amant. Il
chantonnait en frôlant de son doigt cette jolie jambe qu'il
avait modelée et qu'il connaissait si bien. Parfois il s'arrê-
tait tout court, envoyait du bout des lèvres un petit baiser
joyeux, et reprenait sa brosse. Il la voyait sans doute sourire sous ses caresses, sa chère Diane ; il en était fier, l'ayant
pétrie de ses propres mains, et il réchauffait ainsi sa vieil-
lesse en souriant aux fruits de son passé.

Les promeneurs le trouvaient bien un peu original,
ainsi perché sur sa chaise et le plumeau à la main, mais
on disait :

« C'est M. Houdon qui dorlote sa fille. » Et on passait
en saluant.

Carpeaux était de même, amoureux de ses œuvres. Il y
a tel groupe de lui pour lequel il a hésité des mois entiers
avant de s'en séparer, et qu'il retouchait chaque jour, se
relevant même la nuit pour le retoucher encore.

---

ajouter une statuette vivement ébauchée, représentant un *Porte-Drapeau
de la vieille garde,* signée et datée : *Napoléon, 9 février* 1867. Carpeaux
m'en donna une épreuve et m'affirma qu'il n'y avait touché qu'en un
point. Lorsque le prince lui montra cette petite maquette si curieuse, il
dit : « Monsieur Carpeaux, comment peut-on faire penser le regard ? »
Carpeaux pétrit deux boulettes de terre, les posa à la place des yeux
et compléta ainsi l'expression de cette figure. E. CH.

Au moment où l'on découvrit le groupe de la *Danse*, un des hauts fonctionnaires du ministère des beaux-arts était venu le trouver à l'Opéra, et, se faisant l'écho des récriminations alors à la mode, il entreprit de faire comprendre à Carpeaux que **son** groupe ne répondait pas à la solennité du lieu, qu'il avait des audaces dont on était choqué, que...

« Enfin, monsieur, le nouvel Opéra sera un temple et... »

Carpeaux, agacé, interrompt son interlocuteur à ce mot, et désignant la place du contrôle :

« Un temple !... un temple !... Alors pourquoi mettez vous un comptoir à la porte ?... »

PIERRE VÉRON (*Charivari*).

Il y avait d'ailleurs en lui, mêlée à cette ambition particulière, une certaine naïveté non sans charme. Nous nous souvenons d'un jour, qui date de loin déjà, où, dînant à côté de lui, un ami dit en plaisantant à quelques jeunes gens qui étaient là :

« Le jour où votre république viendra, elle vous coupera le cou comme elle l'a coupé aux Girondins et à Camille Desmoulins. »

Et chacun riait de cette prophétie, qui ne ressemble guère à celle de Cazotte, car elle ne risque point de se réaliser.

Mais Carpeaux avait pris au mot le railleur, et, gravement, lorsque le repas fut fini, il prit à part ceux qu'on avait menacés ainsi et leur dit :

« Voyons, on ne sait pas ce qui peut arriver. Si vous devez finir comme on vous l'a dit, je tiens à faire vos têtes par avance. Elles seront peut-être curieuses plus tard. »

Carpeaux avait, on le voit, la naïveté de certains grands artistes qui demeurent toujours un peu de grands enfants. D'ailleurs l'offre était assez engageante pour que rendez-vous fût pris; mais ceux dont Carpeaux voulait sculpter les bustes eurent le tort de n'être pas exacts, ce qui fait qu'aujourd'hui, s'ils sont peu ou prou enchantés d'avoir encore leur tête sur leurs épaules, ils regrettent de n'avoir pas leur figure sculptée par Carpeaux, qui demeura, de son côté, assez fâché de ne pas les avoir *pourtraicturés* [1].

L'anecdote racontée par M. Claretie est parfaitement exacte; elle avait été rappelée en termes différents par un autre des convives, M. Henri Maret, aujourd'hui rédacteur en chef de la *Marseillaise*. Le rapprochement est assez piquant. Nous reproduisons l'article de M. Maret. Il faisait partie d'une série intitulée, si notre mémoire est fidèle : *Le Vapereau de poche*.

CARPEAUX. — Peut-être le premier sculpteur de notre époque. Il est de taille à lutter avec Rude. Cet homme comprend la nature et il la mesure corps à corps. Qui n'a pas vu un buste de lui ne sait pas ce que c'est qu'un cou. Si l'on enterrait une de ses œuvres et qu'on lui brisât quelque chose, le premier qui la découvrirait se ferait une fortune en la cédant à un musée; toutes portent écrites sur leur face le nom d'Athènes et la date d'une olympiade. La grâce et le sentiment ne manquent pas à M. Carpeaux; mais il a plutôt la force.

----

1. Ceci se passait chez notre ami Ernest Chesneau; ses convives étaient Jules Levallois, Henri Maret et celui qui écrit ces lignes. Je regretterai toujours de n'avoir point accepté l'offre de Carpeaux.

JULES CLARETIE, *J.-B. Carpeaux*. 1 vol. in-32, à la Librairie illustrée.

A la ville c'est un rêveur en habit noir ; il pense souvent à autre chose qu'à ce qu'on lui dit. Si vous l'invitez à dîner, vous serez forcé d'aller le chercher à son atelier, car il pourra parfaitement oublier votre invitation devant le nez d'une déesse. Cependant il ne viendra pas chez vous sans être ganté. Il déteste la politique et craint les révolutions parce qu'elles détruisent des statues. Moi qui vous parle, il me prend pour le Robespierre de l'avenir, parce que j'ai dit un jour que M. Haussmann avait fait enlever un arbre avec trop de précipitation. Là-dessus Carpeaux m'a promis de faire mon buste quand je serai écroué à la Conciergerie. C'est à donner l'envie d'y aller.

HENRY MARET.

(Charivari, 15 mars 1868.)

En réunissant ici diverses anecdotes découpées dans les journaux au moment même de la mort de Carpeaux, nous avons voulu compléter la physionomie de l'homme et de l'artiste. De préférence, nous avons recueilli les faits qui n'ont point pris place dans la première partie de ce livre, par la raison que nous n'avions pu en contrôler l'exactitude.

LE PRINCE STIRBEY

L'ami qui a veillé sur le corps, l'esprit et le cœur de Carpeaux est le prince Georges Stirbey, fils de l'illustre hospodar de Valachie, et l'un des hommes d'État les plus éminents de l'Europe. Le prince Georges avait de qui tenir. L'attachement tout fraternel qu'il a montré à Carpeaux, attachement né de l'admiration pour l'artiste, lui a acquis des titres particuliers à la gratitude de tous ceux qui vivent de l'art : par la plume, par le ciseau, par le pinceau. Voici donc une occasion toute naturelle de présenter au public cette physionomie sympathique.

Le prince Georges Stirbey est deux fois grand seigneur : par la naissance et par le cœur. J'ai dit qu'il avait de qui tenir. Son père était un lettré en même temps qu'un homme d'État, et dans sa somptueuse demeure, à Nice, les chefs-d'œuvre de l'art occupaient le premier rang dans le déploiement de son luxe. Sa mère, la princesse Stirbey, était la providence des malheureux. Elle n'attendait pas qu'une infortune vînt frapper à sa porte : elle courait au-devant de toutes les misères, de toutes les douleurs, les recherchait et les secourait discrètement. Je l'ai vue à l'œuvre : j'en puis parler.

Or le prince Georges, l'ami de Carpeaux, possède toutes les qualités de son père, tous les élans de cœur de sa mère. Il est lettré, il est artiste, il est généreux. Ce n'est pas seu-

lement un prince, c'est un homme qui sait se mêler aux
foules, discerne les âmes et les esprits d'élite, s'attache par
tous les liens à qui conquiert sa sympathie.

Sa compagnie favorite est celle des gens de lettres et des
artistes : il a dans ce monde-là de vieilles camaraderies et
de vives amitiés. Il est rare, en se rendant au château de
Bécon, dont la porte hospitalière est ouverte à tout venant,
de n'y pas rencontrer un peintre, un sculpteur, un écrivain,
vivant dans la charmante familiarité du prince.

Lui, ses frères, ses cousins Bibesco ont mis leur sang
et leur intelligence au service de la France. Ils sont Français de par les champs de bataille de Crimée, d'Italie, du
Mexique, de toute la guerre de 1870.

Le prince Georges, celui de qui j'esquisse le profil en ce
moment, a été chargé de plusieurs missions diplomatiques
par l'empereur Napoléon III. Il est commandeur de la
Légion d'honneur. Après avoir joué un grand rôle dans le
mouvement qui a amené le prince Charles de Hohenzollern
au trône de Roumanie, il a rempli dans son pays de hautes
fonctions politiques, qu'il a résignées avec indépendance
quand l'heure est venue pour lui de le faire.

Il n'avait donc pas besoin, comme beaucoup s'y attachent,
de la gloire d'un grand artiste pour tirer son propre nom
et sa propre personne de l'ombre. Il était quelque chose de
lui-même avant que les grandes douleurs et le martyre de
Carpeaux révélassent au public les liens qui les unissaient
l'un à l'autre.

Le prince Georges Stirbey n'est pas un Mécène ; il n'y
vise pas ; il est l'ami de ceux que d'autres ont la prétention
de protéger. Il aime qui il estime en l'admirant.

Je parlais tout à l'heure du château de Bécon, sa rési-
dence habituelle. Les terrasses de cette splendide demeure,
que la Commune seule semble avoir mise en lumière, sont
ornées de marbres dont plusieurs de Carpeaux, entre autres :

Michel-Ange enfant, taillant sa première statue et *le Premier Chagrin*, deux œuvres remarquables[1].

C'est dans ce château de Bécon que M. Thiers a composé une grande partie de l'*Histoire du Consulat et de l'Empire*. Louis-Philippe, qui affectionnait tout particulièrement Neuilly, comme on sait, désirant avoir M. Thiers tout près de lui, avait loué pour lui Bécon.

Les terrasses supérieures du parc, du haut desquelles on jouit d'un panorama égal au moins à celui de Saint-Germain, servirent à établir les batteries de l'armée de Versailles, pendant la Commune. Bécon devint donc le point de mire des obus de Paris. Il en est résulté des dégâts dont on ne surprend plus les traces aujourd'hui, mais qui furent évalués à plusieurs centaines de mille francs. Le prince, qui réclamait une indemnité, dut plaider : il perdit son procès.

A tout ce que j'ai dit du prince Georges Stirbey, j'ajoute qu'il est d'une simplicité exquise et d'une modestie qui le fera sans doute ne point me pardonner le portrait que je viens d'ébaucher de lui. Que serait-ce si j'entrais dans le détail de tout son dévouement pour Carpeaux ?

QUÆRENS (Patrie).

1. On a vu plus haut que la dernière seule de ces deux statues est de Carpeaux et porte un autre titre : *l'Amour blessé*. E. CH.

LETTRES A M. GOUNOD

Carpeaux était très lié avec Gounod. A ce titre, il n'est pas sans intérêt de reproduire les deux lettres suivantes :

Paris, le 27 mars 1874.

Très cher ami,

Votre lettre m'a fait un très sensible plaisir. Je ne puis, hélas ! aller à Londres, car je ne puis faire de mouvements sans souffrir atrocement. L'action nerveuse est arrivée à ce point que je ne suis plus libre de mon corps. Voilà quatre mois que je suis dans cette situation, et je ne sais quand et comment ça finira.

Vous voyez, mon cher ami, que je ne puis aller à Tavistock house. Vous ajoutez à vos témoignages d'amitié des appréciations sur mes faibles mérites, que je n'ai jamais conquis. Que suis-je, hélas ! et qu'ai-je fait, mon Dieu ! auprès des maîtres que nous vénérons ensemble ? Absolument rien, et je puis vous dire en toute conscience que si j'étais organisé pour la culture des arts, j'ai bien laissé mes inspirations aux déchirements des misères de la vie.

Je ne suis pas un flambeau, c'est à peine si je suis une bûche sur laquelle on a cogné assez pour la jeter au feu après l'avoir mise en pièces, et qui se consume sans flamme.

Je n'ai pas besoin de vous dire combien je suis touché de la part affectueuse que Mme Weldon et son mari ont prise à ma maladie. Je les en remercie de tout mon cœur.

Tout à vous, cher maître, et à vos amis.

J.-B. CARPEAUX.

21 mai 1874.

Mon cher Gounod,

Votre lettre m'est arrivée au moment où je me rendais à la maison de santé, 200, faubourg Saint-Denis. J'ai vu M. Gueneau de Mussy; il m'a entendu et m'a dit que, ma maladie n'étant pas de son ressort, il me donnait le conseil de voir le chirurgien M. Labbé, et qu'il ne voyait pas la nécessité d'aller à Londres, puisque je n'ai pas la pierre, et M. Thompson ne traite que cette maladie.

M. Labbé, après un long examen, m'a déclaré qu'il faut faire l'opération de l'ulcère au plus tôt; mais M. Demarquay s'y oppose de la façon la plus formelle, disant que cette opération compromettrait ma triste vie. Je suis donc entre les mains de M. Demarquay, qui doit me traiter par la cautérisation; j'ai peine à croire qu'il puisse me tirer de l'abîme, car je souffre nuit et jour. Je me tords sur mon lit de douleurs en jetant des cris de damné. C'est l'enfer sur la terre. Je m'épuise d'heure en heure; je vous dis adieu et merci de l'intérêt que vous avez bien voulu prendre au malheureux Carpeaux.

Veuillez me rappeler au bon souvenir de vos chers amis Weldon, et les prier d'agréer tous les remerciements de leur admirateur.

J.-B. CARPEAUX.

P. S. — A vous de tout cœur et à Dieu.

Veuillez être mon interprète auprès du docteur Chepmell, pour lui exprimer toute ma gratitude du bienveillant intérêt qu'il prend à ma triste situation, et lui dire que je suis très honoré de son appréciation sur mon faible savoir.

(Gaulois.)

LA MORT CHRÉTIENNE DE CARPEAUX

Il y a quelques mois, je racontais à cette place la fin chrétienne d'un grand paysagiste, de Jean-Baptiste Corot ; aujourd'hui c'est un sculpteur célèbre, Jean-Baptiste Carpeaux, dont la mort édifiante vient donner un nouvel enseignement au monde des arts.

Je diviserai le récit qu'on va lire en deux parties : la première, qu'on pourrait intituler les préliminaires de la conversion, m'a été communiquée par M. Maurice Maignen, le directeur infatigable du Cercle catholique d'ouvriers du boulevard Montparnasse ; quant à la seconde partie, j'en dois les détails touchants à M. le curé de Courbevoie et à M. l'abbé X..., vicaire de la Madeleine, qui me demande de taire son nom.

Voici d'abord la lettre que m'écrit M. Maignen :

« Cher monsieur,

« ... Je vous envoie en hâte quelques renseignements sur la part que deux membres de notre *Cercle* ont eue dans le retour à Dieu de Carpeaux et dans sa fin si chrétienne. Vous pouvez avoir la plus entière confiance en ces renseignements. Ils vous démontreront une chose qui ne peut manquer de surprendre extrêmement vos lecteurs : c'est que Carpeaux n'a pas été l'artiste débraillé et cynique qu'on s'imagine ; ceux donc qui persisteraient à juger l'homme

d'après certaines œuvres du statuaire feraient fausse route
et commettraient une injustice.

« Carpeaux a eu une jeunesse très chrétienne, non seulement pendant le temps qu'il passa chez les Frères de Valenciennes, sa ville natale, mais encore pendant ses premières études à Paris. Il habitait chez une de ses parentes,
qui était loin d'avoir sa piété, car elle se plaignait souvent
de ses longues prières du matin et du soir, et s'étonnait de
le voir, selon ses propres expressions, « *ahuri de dévotion* ».

« Voilà des mots bien étranges, n'est-ce pas? quand on
se reporte à la réputation faite au pauvre Carpeaux.

« La vie parisienne, les entraînements de son âge, et
surtout la fréquentation des jeunes artistes, ses compagnons,
le perdirent. Mais au milieu de ses folies de jeunesse, il
gardait la foi. — A Rome, il voulut voir Pie IX, qui l'accueillit avec sa bonté habituelle et sa bienveillance spéciale
pour les artistes et pour la France. Carpeaux garda précieu-
sement une médaille que lui avait donnée le souverain
pontife. — Quelque temps avant son dernier voyage à Nice,
il formait le projet d'aller en Italie et de revoir Rome :

« — Je veux aller à Rome, disait-il ; j'irai voir le saint-
père, car je l'aime beaucoup et je le vénère ; il m'aime bien
aussi .. Je ferai son buste ; certainement il ne me refusera pas.

« Carpeaux sans doute n'était pas un idéaliste ; mais
dans l'œuvre trop célèbre qui lui a valu un si triste renom,
il n'est peut-être pas aussi coupable qu'il le paraît. La
première esquisse qu'il composa du groupe de la Danse
n'était pas nue[1]. — La commission à laquelle les artistes devaient soumettre leurs esquisses la refusa. Carpeaux refit
alors sa composition telle qu'elle est aujourd'hui, et elle
fut acceptée. Le fait est certain et se passe de commentaires.

« La fin chrétienne de Carpeaux devait être prévue de

1. Voir page 111 un croquis de cette première esquisse.

son entourage dès les premières atteintes de sa dernière maladie, qui fut si longue. Alors qu'il jouissait absolument de
toutes ses facultés, il était résolu à revenir à Dieu. Tout à
l'heure vous verrez que rien ne surpassa la profondeur de
son repentir. C'est ce repentir et son immense charité pour
les pauvres qui devaient lui obtenir de Dieu la grâce d'une
sainte mort, la plus précieuse de toutes.

« Beaucoup de pauvres gens s'adressaient à lui; il ne
les rebutait jamais ; souvent il les admettait à sa table. Un
jour, passant rue Lamartine en voiture, il aperçoit dans une
allée une pauvre vieille femme : vite, il remet à l'un des
membres de notre cercle qui l'accompagnait une pièce d'or
pour la lui donner. On l'a vu, dans des circonstances ana-
logues, prendre à pleines mains dans sa poche des poignées
d'argent et d'or et les remettre aux pauvres sans compter. —
A un vif sentiment de foi il joignait la charité: Dieu lui
a beaucoup pardonné...

« Mais ce qui a notablement contribué à soutenir chez
lui le sentiment religieux est sans contredit l'exemple des
vertus chrétiennes de deux jeunes Bretons que la Providence amena près de lui. L'un était employé dans son atelier comme praticien, l'autre comme commis et homme de
confiance. On sait la foi et la simplicité bretonnes qu'ac-
compagne ordinairement cette énergie qu'on accuse d'entê-
tement. Carpeaux comprit la valeur de ces jeunes gens. Il
mit en eux toute sa confiance. Il les traita bientôt moins en
employés qu'en amis. — Chez le sculpteur, tout le monde
travaillait le dimanche ; les deux Bretons en furent dis-
pensés.

« — Mais que faites-vous de votre dimanche ? leur dit-il.

« — Nous allons au cercle Montparnasse.

« Carpeaux se fit décrire l'institution, qui l'intéressa.
Ces bons enfants, dans la pensée de l'arracher au milieu
funeste où il vivait et de lui procurer quelques impressions

salutaires, lui proposèrent de venir visiter le cercle, c'est ce
qu'il accepta. Carpeaux ne se borna pas à une visite ; il
voulut dîner avec ses jeunes amis et prendre place à côté
des ouvriers dans notre humble restaurant. Il passa avec
nous toute la soirée, et s'amusa beaucoup d'un petit concert et d'une charade en action improvisée par eux. — En
attendant le dîner, nous causâmes et il me dit tout le bien
qu'il pensait de mes jeunes gens ; et, comme l'attente se
prolongeait un peu :

« — Avez-vous du papier et un peu de fusain ? » me demanda-t-il.

« Je lui procurai ce qu'il me demandait, ne sachant ce
qu'il voulait faire. Puis il me dit : « Restez tranquille un
moment... » Et, quelques minutes plus tard, il me remet-
tait mon portrait fort ressemblant et esquissé avec une énergie étonnante... Se figure-t-on Carpeaux au milieu du
cercle catholique de Montparnasse et faisant le portrait de son
directeur ?...

« Devant ces jeunes gens, jamais il ne lui échappait la
moindre parole inconvenante. Il disait à l'un d'eux : « Que
vous êtes heureux ! Vous n'avez que de saintes passions...
Je vous vénère... »

« Un jour, une personne qui était venue lui rendre visite lui dit : « Moi, je n'ai aucune croyance... — Eh bien,
dit Carpeaux, je ne pense pas comme vous ; je crois, et
cette croyance, c'est ma force... »

« La veille de son mariage il communia avec sa femme.
Il disait un jour à l'un de mes jeunes gens : « Les deux
plus beaux jours de ma vie sont ceux de ma première
communion et de mon mariage... »

« Je n'ai plus à vous entretenir que des dispositions
que montra Carpeaux au commencement de sa maladie.

« Il fut bien vite abandonné de la plupart de ses amis
de plaisir ; mais les deux Bretons lui demeurèrent fidèles et

l'allèrent voir assidûment, l'un d'eux surtout, que Carpeaux affectionnait d'ailleurs plus particulièrement. Le sculpteur était heureux de ses visites et aimait à s'épancher avec lui. Il avait consigné sa porte, excepté pour le jeune Breton, qui pouvait entrer à toute heure.

« — Crois-tu, disait le pauvre grand artiste à son fidèle ami, crois-tu, dis-moi, que le bon Dieu puisse pardonner à un aussi grand coupable, à moi qui l'ai tant offensé? Comment Dieu pourrait-il me faire miséricorde? Non, c'est impossible !

« — Vous vous trompez, lui disait le jeune Breton: voyez donc saint Augustin, il a été un grand pécheur, et pourtant Dieu lui a pardonné et il est devenu un grand saint... Vous ne devez pas douter de la miséricorde de Dieu.

« — Oh ! saint Augustin ! reprenait Carpeaux. je l'aime de tout mon cœur ! Je voudrais bien lire toute sa vie... »

« Dans un autre entretien, Carpeaux disait à son jeune confident :

« — Hélas ! je mérite bien toutes mes souffrances... Combien j'ai offensé Dieu dans ma vie !... Comment veux-tu que je me confesse? Je suis trop coupable... Dieu ne peut pas me pardonner. »

« Et le Breton cherchait, dans sa science ou plutôt dans son cœur les arguments dont il se souvenait pour incliner à l'espérance son maître désespéré.

« — Si je reviens à la vie, disait un autre jour le pauvre malade, je promets à Dieu de faire autant de bien que j'ai fait de mal... Car, avec une petite esquisse d'une heure ou deux, je pourrais soulager la misère de beaucoup de gens... »

« La lumière, d'ailleurs, se faisait chaque jour dans ce cœur à l'aide de la souffrance :

« — Je m'aperçois tous les jours, s'écriait-il, que je suis un grand coupable!... »

« Puis, se tournant vers son ami :

« — Ma plus grande souffrance sur mon lit de douleur, c'est d'avoir abandonné mes devoirs religieux... Si tu veux être toujours heureux, sois toujours chrétien! »

« L'an dernier, à peu près à cette époque, il fut si mal, que notre Breton, sans prévenir Carpeaux, courut chercher le gardien des capucins du couvent de la rue de la Santé, le R. P. Ubald. Il le fit entrer immédiatement dans la chambre et dit au malade :

« — Voici le bon père dont je vous ai parlé souvent et qui désire vous connaître. »

« Il fit signe à tout le monde de se retirer. — Carpeaux tendit la main au religieux, et la tint ainsi pendant tout l'entretien, qui dura une heure.

« Maintenant, voici une lettre de Carpeaux écrite vers la même époque, et qui montre les sentiments profondément religieux qui l'animaient un an avant sa mort. Elle serait digne d'être imprimée en *fac simile* : je la copie textuellement, c'est une véritable page historique :

Ce 25 novembre 1874.

Mon cher ami,

Depuis que je ne t'ai vu, les douleurs nerveuses ont repris leur intensité. Impossible de sortir. Aussitôt qu'il y aura du mieux dans mon état, je te le ferai savoir.

En attendant, je conserve avec recueillement la petite médaille de Notre-Dame des Victoires que tu m'as envoyée dans ta lettre. Je désire te donner satisfaction en rentrant dans la vie religieuse ; j'en sens le besoin moi-même, ce sera pour moi un heureux jour.

Tout à toi,

CARPEAUX.

« Ce simple billet dit beaucoup : il témoigne des rapports qui existaient entre le grand sculpteur et son humble ami et l'heureux effet de ses naïves prédications sur le grand artiste.

« Je ne saurais mieux terminer qu'en citant une admirable parole recueillie de la bouche de l'illustre artiste, et qui devrait servir de leçon à toute cette école païenne et matérialiste qui fait du désordre des mœurs la condition du génie : c'est tout un testament :

« *Si j'avais toujours vécu comme un bon moine, je serais devenu l'égal de Michel-Ange.*

« Voilà, cher monsieur, ce que j'ai pu recueillir et ce que je m'empresse de vous envoyer. Je regrette seulement de ne pouvoir mettre plus d'ordre dans ces notes, mais il est plus de minuit, et je vous écris à la hâte après la journée laborieuse d'un dimanche de cercle. Puissent ces quelques lignes contribuer à glorifier Dieu dans ses infinies miséricordes !

« MAURICE MAIGNEN. »

Ce fut dans les sentiments que retrace cette lettre que Carpeaux arriva à Courbevoie au mois de juin dernier. Il venait de faire un long séjour à Nice chez le prince Stirbey.

Ses relations avec son bienfaiteur s'établirent dans les circonstances suivantes : le prince venait d'acheter le dernier groupe de Carpeaux, l'*Amour blessé*, lorsqu'il apprit la situation si digne d'intérêt du sculpteur, qu'il n'avait jamais vu jusque-là. Il lui offrit l'hospitalité dans sa villa, le confia aux soins de deux sœurs de charité et rivalisa de zèle avec le climat bienfaisant de Nice pour rendre la santé au malade.

Lorsque Carpeaux revint à Paris, la sollicitude du prince l'y suivit, et c'est à ses soins délicats que le sculpteur dut de trouver à Courbevoie, dans le voisinage du château

de Bécon, une jolie maison de campagne déjà préparée
pour le recevoir.

J'aurais bien des choses à dire sur la vie que le pauvre
grand artiste mena dans cette maison; mais ces détails sor-
tiraient du cadre que je me suis tracé.

J'arrive donc au 3 août où, pour la première fois,
l'abbé X..., vicaire de la Madeleine, se trouva en présence
du malade.

Quelques jours auparavant, la fille d'une excellente
amie de Carpeaux, qui avait fait récemment sa première
communion, dit, sans autre préambule, à l'artiste :

« Vous devriez bien venir communier avec moi le
15 août...

— Je ne dis pas non », répondit sans hésiter le malade.

Il aimait beaucoup cette enfant, en qui il avait remarqué
une intelligence précoce et un goût très vif pour les arts.

« Certainement, continua-t-il, je veux bien me con-
fesser... mais alors tu m'amèneras ton confesseur à toi... »

On comprend la joie de la mère et de sa fille. Malheureusement le confesseur de cette dernière avait quitté la
Madeleine quelques jours plus tôt pour se rendre aux eaux;
le désir du malade ne put donc être obéi. Malgré cela, Carpeaux accueillit à merveille M. l'abbé X... et se confessa
aussitôt.

Ici je ne dois pas omettre un détail tout à l'honneur du
prince Stirbey. Celui-ci avait été mis dans la confidence des
négociations pieuses entreprises par l'enfant et du plein
succès qu'elles avaient obtenu auprès de Carpeaux. Sachant
donc que son ami recevrait la visite de M. l'abbé X... le
3 août, il lui écrivit, le matin même de ce jour, une lettre
remplie de sentiments élevés et de conseils chrétiens. En
quelques lignes, il l'exhortait à bien recevoir le prêtre et
lui rappelait « qu'il devait à Dieu l'hommage de sa vie ».
Carpeaux fut très touché de cette marque suprême d'intérêt,

et, s'il avait encore quelques hésitations, le langage si persuasif du prince dut certainement les faire disparaître et prévenir le retour d'une nouvelle défaillance.

La conduite du prince Stirbey se passe de commentaires : cette fidélité dans le malheur, cette façon d'encourager les arts et de se préoccuper d'un artiste non seulement pendant les jours mauvais, mais encore par delà cette vie d'épreuves, le placent bien haut dans la reconnaissance de ceux qui aiment les arts et pratiquent la religion... Certes, voilà une grande et noble leçon pour nos Mécènes du boulevard, qui ne voient dans les œuvres d'art que le mobilier obligé d'une galerie, et, dans l'artiste, qu'un compagnon de plaisir plus ou moins expérimenté...

Mais revenons à Carpeaux. — Le 6 août, après s'être confessé une seconde fois, il demanda la faveur d'être traîné dans sa petite voiture de malade jusqu'à la sainte table afin de pouvoir y communier près de celle qui l'avait décidé à revenir à Dieu...

« Mais, mon cher monsieur, lui disait M. l'abbé X.... ne craignez-vous pas que les secousses de la voiture, pendant le long trajet de votre maison à l'église, n'altèrent vos forces ?... Il serait bien facile de vous apporter ici le saint viatique.

— Non, non, répondit Carpeaux... Elle ne serait pas près de moi... et je tiens à communier près d'elle... comme elle me l'a demandé... Ce sera plus poétique... »

Sa nature d'artiste se plaisait à ces contrastes. Il lui semblait touchant de voir réunis à la même table cet apôtre de douze ans et ce converti dont la souffrance avait fait un vieillard... Le voisinage de cette innocence exaltait son repentir...

Ce fut, ce même jour, sous le porche de l'église de Courbevoie, que le prince Stirbey remit à Carpeaux la lettre du ministre lui annonçant sa nomination au grade d'officier de la Légion d'honneur.

Le temps avait été sombre toute la matinée ; mais, pendant le trajet de l'église à la maison de Carpeaux, il s'éclaircit un instant, et M. l'abbé X...., qui accompagnait le malade, lui dit :

« Voilà le bon Dieu qui vous envoie un beau rayon de soleil...

— C'est vrai, dit le sculpteur... mais vous, mon Père, vous m'en avez procuré plus d'un aujourd'hui... »

M. l'abbé X... revint voir souvent le malade, qui lui avait demandé la permission de l'appeler « mon ami ». Leurs conversations avaient pour sujet la religion ou les arts.

« Laquelle de vos œuvres préférez-vous ? lui demanda un jour le prêtre.

— Le groupe d'*Ugolin*, répondit Carpeaux... C'est, sans contredit, mon œuvre la plus forte...

— Et le groupe de l'Opéra ? ajouta avec intention M. l'abbé X...

— Oh !... oh !... pas trop orthodoxe, celui-là, dit-il avec un sourire triste... »

Puis, s'adressant à M. le curé de Courbevoie :

« Ce n'est pas ça !... dit-il ; j'avais de meilleurs et de plus nobles sujets dans la tète... Mais que voulez-vous ! j'ai été lancé dans une mauvaise voie... »

Le 29 septembre, Carpeaux se confessa de nouveau à M. le curé de Courbevoie. Ce fut sur la belle terrasse du château de Bécon qu'il reçut l'extrême-onction et le viatique. Il s'y était fait traîner, suivant son habitude, afin de reprendre, au contact de l'air salubre du parc et des rayons du soleil, un peu de force et de vie.

Quand M. le curé de Courbevoie arriva, les domestiques apportèrent une table sur laquelle on plaça le crucifix. Les cérémonies allaient commencer, quand le sculpteur s'aperçut que le prêtre n'avait pas retiré sa houppelande qui dissimulait son surplis :

« Monsieur le curé, lui dit-il, n'allez-vous point retirer ce vêtement? »

Le curé s'empressa d'accéder à la demande du malade; les domestiques se rangèrent respectueusement en face du prêtre et les prières commencèrent. Ce fut Carpeaux lui-même qui remplit l'office de clerc, et il s'acquitta de cette tâche avec beaucoup de piété et toute sa présence d'esprit. Après l'extrême-onction, il reçut le saint viatique.

« Ne me ferez-vous pas embrasser le crucifix? » demanda-t-il ensuite.

Quand on lui eut remis la croix, il attacha d'abord sur l'image de Notre-Seigneur un regard d'artiste.

« Oh!... dit-il d'un ton de reproche, comme ils l'ont traité!... Ah! si je reviens à la santé, je vous ferai un Christ qui sera mieux que celui-là... Ce ne sera pas difficile... Enfin, ajouta-t-il, c'est l'image du bon Dieu cependant... »

Et il la baisa à plusieurs reprises.

Le 12 octobre suivant, il rendait son âme à Dieu.

TH. DE CAËR.

(*Univers* du 31 octobre 1875.)

LA SCIENCE DE CARPEAUX.

Si mouvementés que soient les personnages de Carpeaux,
la structure en est toujours irréprochable, l'ensemble exact
et le détail correct. D'ailleurs, en présence de la nature, il
procédait avec une sûreté mathématique. On sait que dans
l'atelier de Rude les élèves étaient dans l'usage d'établir
l'ensemble des académies qu'ils exécutaient au moyen de
la mise au point. Il semblait que cette habitude de faire
continuellement appel au compas dût rendre l'esprit pares-
seux, engendrer la servilité et en résumé produire non pas
des artistes, mais des praticiens. Il en fut tout autrement.
Les élèves de Rude se sont au contraire distingués par la
manière dont ils ont exprimé la vie; quelquefois même ils
ont pu le faire avec excès. Les moyens sûrs et rapides d'établir la construction d'une tête, d'une figure entière, ne
sont-ils pas de nature à laisser au sentiment toute sa force
et toute sa fraîcheur? Qu'on ne s'y trompe pas, Carpeaux
a dû à sa science profonde, quoiqu'elle soit toujours voilée,
d'avoir créé des œuvres qui se sont imposées bien plus
qu'elles n'ont été acceptées, et qui, par leur fond solide,
inattaquable, sont destinées à durer.

GUILLAUME (Supplément aux sept premières éditions
du *Dictionnaire général de Biographie et d'Histoire*,
par Ch. Dezobry et Th. Bachelet).

Ce jugement est d'autant plus intéressant qu'il a été formulé par un artiste éminent, statuaire lui-même, M. E.
Guillaume, ancien directeur des beaux-arts, dont le talent
mesuré n'a aucune parenté avec celui de Carpeaux.

LA PLACE DU GROUPE DE LA DANSE

Au mois de novembre 1872, il fut de nouveau question
de faire disparaître de la façade de l'Opéra le *Groupe de la
Danse*. A ce sujet le journal la *France* publia l'article suivant où nous traitions la question au point de vue du droit
artistique. C'est à ce titre que nous le reproduisons et pour le
cas où l'éventualité de cet enlèvement se représenterait.

Oui ou non, le groupe de la *Danse,* de Carpeaux, res-
tera-t-il en place, à sa vraie place, qui est celle qu'il occupe
sur la façade du nouvel Opéra?

Depuis la fameuse nuit du 29 août 1869, où la main
d'un iconoclaste, envieux ou fou furieux de pudeur, cassa
une bouteille d'encre sur la principale figure de ce groupe,
la question Carpeaux reste à l'ordre du jour de la presse.
Tous les six mois un journal annonce que décidément l'œuvre de l'éminent artiste va disparaître de son piédestal et être
reléguée dans quelque coin obscur. Pour la cinquième ou
sixième fois, la même nouvelle vient d'être mise en circu-
lation. Il serait bon cependant et il est temps de savoir quelle
décision a été prise à ce sujet.

Mais, tout d'abord, qui a qualité pour décider en pa-
reil cas? C'est encore une chose dont il importe que les ar-

tistes soient instruits pour l'avenir. Si je ne me trompe, — et si je me trompe, je ne demande qu'à être éclairé, — voici l'état de la question. M. Garnier, chargé, après un concours public, de construire le nouvel Opéra, a commandé à M. Carpeaux un des groupes de la façade. L'artiste a dû lui soumettre un projet, puis, pendant le cours de l'exécution, recevoir les avis de l'architecte, s'y conformer et finalement faire accepter l'œuvre terminée. Jusque-là M. Garnier était juge souverain. Puisque le groupe a été reçu, — et celui-ci le fut, puisqu'il a été posé au même titre que les trois autres à la place qui lui était destinée, — il est clair que l'artiste a rempli toutes les conditions de son contrat. Dès lors l'architecte se trouve lié par le fait même de l'acceptation et ne peut plus revenir sur ce qu'il a décidé. Evidemment il n'a plus à intervenir dans le débat que pour défendre son propre jugement et faire respecter le contrat; car, je le répète, il y a contrat.

En effet, l'artiste était libre de refuser la commande qu'on lui proposait. S'il a encouru toutes les éventualités de refus que nous avons énumérées, sans doute il calculait qu'après en avoir triomphé, il trouverait une ample compensation dans l'exposition permanente de son œuvre au seuil d'un monument placé au centre de Paris. Rien ne dit qu'il eût de même accepté un travail auquel n'aurait pas été réservée cette publicité glorieuse; donc l'emplacement du groupe doit être considéré comme un des éléments essentiels de la convention. Cela est si vrai, et les artistes attachent une importance si légitime à l'exposition publique de leurs ouvrages, que, tous les ans, au Salon, l'administration des beaux-arts obtient pour le musée du Luxembourg des tableaux et des statues que leurs auteurs abandonnent à des prix de beaucoup inférieurs à ceux qui leur sont offerts par les amateurs et par les marchands.

Le groupe de M. Carpeaux échappant désormais à l'ac-

tion de M. Garnier, quelle est l'autorité qui peut ordonner
son enlèvement? Le budget du nouvel Opéra étant voté an-
nuellement par les représentants du pays, c'est le ministère
de l'instruction publique et des beaux-arts qui a l'administration de ces fonds. Mais le contrôle administratif du bureau des beaux-arts sur la gestion financière de M. Garnier
entraîne-t-il le contrôle artistique? Si M. Jules Simon, sur
l'avis de M. Charles Blanc, a le droit de faire disparaître
le groupe de Carpeaux, sous prétexte que celui-ci, par son
exubérance de relief et de mouvement, est en désaccord avec
les groupes voisins et contrarie l'harmonie de la façade, il
n'y a pas de raison pour que le ministre n'exerce la même
action sur toutes les parties du monument, trouvant telle
corniche trop saillante, tel tympan trop nu, telle rampe trop
raide ou trop douce, et ne force l'architecte à des remanie-
ments qui feront de l'Opéra l'œuvre du ministre et non
celle de M. Garnier. Et, si demain un mouvement parle-
mentaire amène un autre ministre au pouvoir, tout pourrait être mis en question de nouveau. L'absurdité de cette
hypothèse est manifeste. M. Garnier ne relève donc du ministère qu'au point de vue administratif. Et, à moins, — ce
dont je n'ai pas souvenir, — que le programme du concours
pour la construction du nouvel Opéra ait annoncé que le
lauréat élèverait son monument sous la surveillance d'une
commission spéciale, je cherche en vain qui pourrait agir
sur la liberté de l'architecte, liberté qui nous paraît, en droit,
hors de toute atteinte. Il est bien entendu que je parle ici de
la libre action de l'architecte, comme artiste et non comme
administrateur.

D'après ce que nous avons dit précédemment, M. Garnier lui-même est désormais impuissant à faire disparaître
la *Danse* de Carpeaux de la façade de l'Opéra. Cette très
belle œuvre, malgré tous les bruits contraires, restera donc
à la place pour laquelle elle fut faite. Nous n'hésitons pas à

nous prononcer sur ce point d'une façon affirmative, parce
que nous ne saurions admettre un instant que M. Jules
Simon se fasse l'instrument des singulières pudeurs dont
nous avons entendu les amusantes déclamations à propos de
la tache d'encre de 1869.

La seule bonne raison qu'on pût donner pour motiver
l'enlèvement du groupe de Carpeaux, c'est qu'en effet, il
n'est pas en harmonie avec ceux de MM. Guillaume, Perraud et Jouffroy. Cela tient au déplorable système de la division du travail qui, dans l'industrie, produit sans doute
d'excellents effets, mais qui, en matière d'art, est incompa-
tible avec toute unité d'ensemble, sauf par la médiocrité,
résultat peu enviable. La décoration de nos monuments
publics, de nos églises notamment, a perdu toute grandeur,
tout caractère, à cet émiettement d'efforts individuels; voyez
le chaos de Saint-Sulpice, voyez Saint-Vincent de Paul où
l'admirable frise d'Hippolyte Flandrin conduit à ce néant de
l'abside peinte par Picot. En tous cas, à l'Opéra, en ce qui
concerne M. Carpeaux, il est trop tard maintenant pour
modifier les termes du contrat. Il n'est même pas à présumer
que M. Garnier songe et ait jamais songé à le faire [1]. Tout
au plus céderait-il à une volonté plus forte que la sienne,
mais, nous semble-t-il, parfaitement arbitraire. En ce cas
il y aurait matière à contestation juridique.

D'où viennent donc ces rumeurs dont la presse catholique se fait volontiers l'écho et la presse en général l'écho à
peu près indifférent? Les journaux religieux, dont je ne
suis nullement l'ennemi, me paraissent faire fausse route
en cette occasion. Oserai-je leur dire qu'ils sont d'une sus-
ceptibilité vraiment trop chatouilleuse à l'égard des ques-

---

1. On a vu, en effet, par les extraits que nous avons donnés
(p. 115 et suivantes) du livre de M. Charles Garnier sur l'Opéra, avec
quelle vaillance et quelle habileté l'architecte a défendu l'œuvre du
statuaire.

tions de décence. On pourrait leur citer nombre de figures sculptées aux porches des cathédrales qui motiveraient bien autrement leur réprobation, et qui cependant n'ont jamais choqué personne, parce que les archéologues, les artistes, les amateurs sont seuls à les découvrir dans le cours de leurs études. L'Opéra n'est pas un temple, d'une part. D'autre part, si Carpeaux a rendu fidèlement et en maître le vertige de la chair causé par l'exaltation du mouvement rythmique, il faut y regarder de bien près et exprès pour le voir.

A distance, à la distance du passant sur la place, je défie bien qu'on y trouve tant de malice. Enfin, à telle maison, telle enseigne. On nous dit que la danse française est un art sévère; c'est là une bonne plaisanterie qu'on répète d'un air sérieux, pour se donner hypocritement licence, pas autre chose. La danse, quoi qu'on dise, est un art purement plastique, c'est-à-dire un art de volupté. Les plus grands mots du monde ne changeront rien à la chose; le fait est le fait.

A ce point de vue (de la décence et des convenances) le débat pour moi a été clos le jour où j'ai lu que le corps de ballet protestait avec indignation, au nom des mœurs, contre l'intention attribuée à **M.** Garnier de placer le fameux groupe au foyer de la danse. Si les rats se mêlent de parler vertu, alors taisons-nous ou plutôt parlons d'autre chose.

ERNEST CHESNEAU.

(La France, 26 novembre 1872.)

DERNIERS MOMENTS DE CARPEAUX

Les journaux nous ont appris les faits qui suivent, recueillis par M. Jules Claretie, et que nous détachons du petit volume publié par lui au lendemain même de la mort de l'artiste :

De son mariage avec Mlle de Montfort, Carpeaux avait eu trois enfants.

Les deux derniers, pour des raisons que nous ne pouvons pas relater ici, n'héritèrent pas de l'affection paternelle.

Seul, le premier, nommé Charles, possédait toute sa tendresse.

Un procès en séparation ayant éloigné à jamais les deux époux, la mère emmena les trois enfants avec elle et prit un directeur de conscience.

En vain Carpeaux réclama-t-il son fils Charles.

« Vous les reprendrez tous les trois, ou vous n'en aurez aucun », lui répondait-on.

Cependant, lorsqu'il sentit le terrible moment approcher, l'artiste adressa une nouvelle prière.

Le prince Stirbey pria alors la mère de Carpeaux de se rendre auprès de l'épouse pour en obtenir que le jeune Charles fût confié quelques heures aux baisers de son père.

Mme Carpeaux mère revint avec les trois enfants. C'était la condition *sine quâ non* qu'on lui avait imposée.

« Voulez-vous voir vos fils ? » demanda, à leur arrivée, le prince au malade.

« Charles seulement », répondit Carpeaux.

A ce moment arriva la mère, qui refusa de consentir à cette prière exclusive et remmena ses enfants.

Soigné avec un dévouement ineffable par sa mère, Carpeaux avait fini par lui défendre de passer la nuit à son chevet. Il craignait de mourir devant elle.

Et la pauvre femme, obéissant à ce désir obstiné du mourant, partait tous les soirs à minuit, à Boulogne, où elle demeurait, pour revenir à cinq heures du matin.

Parfois, devançant l'heure, elle ôtait ses chaussures pour que son cher malade n'entendît pas le bruit de ses pas.

Carpeaux la surprit une nuit penchée sur son front.

Son visage s'éclaira alors d'un doux sourire, et il murmura :

« On voit bien que je n'ai plus de forces. On ne m'obéit plus ! »

Un de nos amis, chargé par le prince Paul Demidoff de demander à Carpeaux la copie d'une certaine sculpture exécutée d'après le moulage en plâtre pris sur le visage de Napoléon III mort, nous racontait naguère la visite dernière qu'il avait faite au maître, déjà marqué par la mort [1].

Nous avons déjà donné un fragment de ce récit (p. 169). Nous le reprenons au point où nous l'avons interrompu :

Carpeaux reconnut le visiteur.

« Vous venez me demander le buste promis ? fit le sculpteur. Ce sera, vous pouvez en être certain, la première œuvre à laquelle je me consacrerai dès que j'aurai surmonté la crise que je traverse en ce moment. Oui, oui, ajouta-t-il, ce n'est qu'une crise ! Et j'en ai supporté bien d'autres ! »

Il s'efforçait de sourire ; mais ses paroles pénibles, semblables à des soupirs, dénonçaient le terrible état où se trouvait ce corps si durement éprouvé.

M. Sampieri ne savait trop que répondre et se sentait le cœur serré. Il dit à Carpeaux que le prince Demidoff, comme le prince Stirbey, offrait au malade, pour passer l'hiver, l'hospitalité de son château de San-Donato.

« Merci, j'aurai trop à travailler dès que je serai debout.

— Quel dommage, dit alors notre ami presque machinalement, que vous n'ayez pu assister au centenaire de Michel-Ange ! J'y étais. C'était superbe !

— Michel-Ange ! ah ! Michel-Ange, dit-il, c'est mon maître, c'est le père de ma pensée, c'est l'inspirateur de ma vie, c'est mon dieu !

1. C'est M. Francesco Sampieri.

N'avoir pas été là pour le fêter, pour assister à son triomphe, à son apothéose ! N'avoir pu baiser le seuil de sa maison natale ! N'avoir pas versé des larmes au moment où l'on a découvert sa statue ! Voilà mon deuil, voilà ma douleur. J'ai lu ce qu'a dit là-bas Meissonier. C'était bien, c'était très bien. Ceux qui étaient là sont heureux. Ah ! Michel-Ange, mon grand, mon immortel, mon inimitable Michel-Ange !

« Rien de plus saisissant, nous disait le lendemain celui qui avait écouté Carpeaux, rien de plus émouvant et de plus grand que cette sorte de prière fervente ou d'hymne de gloire qui montait comme un dernier souffle de vie aux lèvres du moribond. Et quelle que soit la beauté si étrangement vivante des œuvres que Carpeaux laisse après lui, qui sait si une des plus belles pages de sa vie n'est pas cette œuvre fiévreuse où il se releva sur son lit de mort pour jeter, entraînant comme une poésie, ce cri d'admiration à Michel-Ange ? »

Carpeaux avait le culte de Michel-Ange. Le jour du centenaire, il s'était fait conduire auprès d'une petite statue, œuvre de Michel-Ange[1], qui orne le parc du château de Bécon ; il était parvenu à grand'peine à en faire le tour sur ses béquilles, puis, tombant épuisé par ce suprême effort, il s'était écrié :

« Moi aussi j'ai fêté le centenaire ! »

Le surlendemain de la visite que j'ai contée, le mardi 12 octobre 1875, à six heures un quart du matin, Carpeaux était mort.

La veille, à huit heures, l'agonie avait commencé ; elle devint subitement terrible : le mal devait vigoureusement attaquer cette vaillante nature pour lui arracher les cris qui, pendant deux heures, s'échappèrent de sa poitrine, et dans lesquels on distingua d'abord ces deux mots : « La vie ! la vie !... »

Puis ce fut le nom de son fils Charles qui sortit de sa bouche au milieu des plaintes.

Enfin, à dix heures et demie, la vie commençant à l'abandonner, il réunit tout ce qui lui restait de forces, et, tirant à lui sa vieille mère septuagénaire, il murmura :

O ma mère, ma petite mère, je t'aime de tout mon cœur !...

Puis il se tut.

Déjà la tête était froide et les mains se glaçaient.

1. Cette petite statue n'est pas plus une œuvre de Michel-Ange que de Carpeaux ; c'est une œuvre moderne italienne représentant *Michel-Ange enfant,* dont il a déjà été question. E. CH.

La chambre n'était éclairée que par une veilleuse en porcelaine, à théière, et par la flamme agitée du foyer qui jetait une clarté irrégulière.

Il était minuit alors, et cinq personnes se trouvaient autour de l'agonisant ; son père, sa mère, deux gardes et celui qui écrit ces lignes.

Le râle avait commencé ; il dura jusqu'au lever du jour.

Alors, à six heures, Carpeaux poussa trois soupirs et ce fut tout.

A la nouvelle de la mort de Carpeaux, le conseil municipal de Valenciennes se réunit d'urgence et décida que, si la famille y consentait, le corps serait ramené à Valenciennes, dans une concession et un caveau gratuits. Un monument serait élevé par souscription [1].

Le journal de Valenciennes, l'*Impartial du Nord*, paraissait encadré de noir, en signe de deuil. On lisait en tête du journal la note suivante :

Valenciennes, le 14 octobre 1875.

Les arts et la ville de Valenciennes viennent de faire une perte, aussi considérable que cruelle, en la personne de notre concitoyen, le grand sculpteur CARPEAUX.

Un télégramme, arrivé mardi de Valenciennes, est venu annoncer sa mort. Quoique prévue depuis longtemps, cette triste nouvelle a produit une profonde et douloureuse impression dans tous les rangs de notre population, si justement fière de ceux qui l'honorent.

Le conseil municipal, consulté immédiatement d'urgence, a demandé à l'unanimité que le corps de Carpeaux soit ramené à

1. Le maire de Valenciennes recevait bientôt la dépêche suivante :

« M. et Mme Carpeaux, père et mère du défunt, sont pleins de reconnaissance pour la décision du conseil et donnent leur consentement. J'ignore encore la décision de Mme Carpeaux, épouse du grand artiste. Elle a intenté une action en revendication du corps. Les exécuteurs testamentaires s'empresseront de vous faire connaître ce qui sera décidé. Les amis de Carpeaux et toute la famille artistique applaudissent à la détermination si patriotique de la ville de Valenciennes.

« Prince STIRBEY. »

Valenciennes et que ses funérailles aient lieu aux frais de la ville et avec la plus grande solennité.

Tous les habitants de Valenciennes se sentent atteints par un deuil personnel ; ils voudront tous prendre part à l'hommage funèbre qui va être rendu au grand artiste.

L'*Impartial du Nord* publia une lettre émue qu'il est intéressant de reproduire :

La maison mortuaire est au n° 287 de la rue Saint-Denis (ou route de Courbevoie). Elle appartient à un riche étranger, le prince Stirbey, un vaillant aussi, un grand cœur, et qui jusqu'au dernier moment a été l'ami le plus dévoué, le plus empressé de Carpeaux. Il lui a tenu lieu de la femme et de la famille absentes !... L'habitation est modeste, mais gracieuse, un peu coquette même, très confortable. Carpeaux a dû, au commencement, alors qu'il se berçait encore de l'espoir d'un long avenir, y faire de beaux rêves, y ébaucher bien des projets artistiques qu'il ne réalisera pas, hélas ! y pétrir en imagination bien des statues qui ne surgiront pas du marbre, qui ne palpiteront pas sous la lumière.

En pénétrant dans la maison, au milieu de l'avant-cour dont le sol est détrempé par la pluie, un objet frappe les regards : c'est la petite voiture à bras qui permettait au mourant d'aller respirer un peu quand le temps était beau, au bord de la Seine, et de rafraîchir un instant ses entrailles brûlées et rongées par l'affreux cancer. Nous l'avions ainsi rencontré il y a quelques semaines, affaissé, triste, pâle, la barbe longue, le front déjà marqué de la funèbre estampille de la mort, mais l'œil ardent encore et la paupière frémissante sous les chaudes caresses d'un lourd soleil de septembre. Aujourd'hui, la voiture est là, dans la cour, lavée par la pluie, salie par la boue, veuve de son propriétaire ; il vient de l'échanger, en effet, contre les planches froides et sombres du cercueil !...

Le seuil de l'habitation franchi, nous voyons à gauche une pièce tendue de noir, et éclairée d'un grand nombre de flambeaux. C'est la chambre qu'on a transformée en chapelle ardente. Au milieu, faisant face à la porte, repose celui qui fut Carpeaux. Vêtu d'un paletot de soie noire quadrillée, un foulard blanc au cou, la rosette d'officier de la Légion d'honneur à la boutonnière, il est littéralement enseveli sous les fleurs qui jonchent aussi tout le parquet. La tête émerge des fleurs et des lumières, blanche et noble, le front, vaste et un peu dégarni, comme projeté en avant; la moustache est forte, la barbe assez longue, mêlée de nombreux poils blancs. Les mains, couvertes de gants gris, reposent le long du corps, et ce n'est pas sans une émotion poignante que nous avons soulevé la main droite, cette main qui a donné pour ainsi dire la vie à l'argile et au marbre, et qui maintenant est immobile et raidie à jamais.

Aug. Dietrich.

Le lendemain de la mort de Carpeaux, M. Louis Auvray, statuaire, compatriote de Carpeaux, écrivait au *Courrier du Nord* une lettre où il caractérisait avec éloquence le génie même de son ancien élève[1] :

A l'heure où j'écris ces lignes, disait-il, deux illustres enfants de la ville de Valenciennes, notre plus grand peintre et notre plus grand sculpteur, reposent aux extrémités de Paris : Watteau à l'orient, aux bords de la Marne, sur le riant côteau de Nogent; Carpeaux à l'occident, entre la Seine et Courbevoie. Tous deux morts dans la virilité de l'âge et la puissance du talent; tous deux ayant été recueillis, soignés dans les villas de riches amis des arts, Watteau chez M. de Julienne, et Carpeaux chez M. le prince Stirbey; tous deux doués d'une âme aimante, ardente et d'humeur changeante, passant d'idées sombres à la gaieté folle; tous deux amants passionnés des beautés de la nature, de la variété de ses formes, de l'éclat, de la richesse, de l'harmonie des tons qu'elle étale à nos regards, tous deux d'un talent immense, original, éminemment français, qui charme, séduit même les esprits les plus prévenus, les plus collets-montés de l'école classique.

Les œuvres de Carpeaux, ajoutait M. Louis Auvray, resteront aussi populaires que celles de Watteau et seront aussi recherchées, parce qu'elles sont d'un modelé nature, vivant, coloré, d'une expression vraie que tout le monde comprend. Notre Musée possède ses principales sculptures, excepté son groupe de *la Danse* de

---

1. M. Louis Auvray, qui habitait Paris, reçut Carpeaux dans son atelier quand celui-ci y vint pour la première fois.

l'Opéra, le chef-d'œuvre de la seconde manière du maître, comme son *Jeune Pêcheur* l'est de sa première. Je ne sais ce qu'est devenu le modèle en plâtre de ce groupe[1], mais je voudrais le voir à Valenciennes ainsi que le modèle de son bas-relief du pavillon de Flore.

Peut-être Carpeaux a-t-il laissé des dispositions testamentaires à ce sujet, ainsi que pour le lieu où il désire être enterré ? Peut-être aussi, et c'est probable, la ville de Valenciennes voudra-t-elle obtenir de la famille la translation de l'illustre mort au cimetière de Saint-Roch ? Dans tous les cas, on lui élèvera un monument soit à Courbevoie, soit à Valenciennes, et notre Société de l'*Union valenciennoise*, non seulement ouvre dès à présent une souscription à Paris, mais elle se propose d'appeler les artistes valenciennois à concourir entre eux pour l'érection d'un monument à Carpeaux. Je vous enverrai le programme de ce concours aussitôt qu'il aura été discuté et adopté.

1. Nous savons que ce modèle a été brisé quand l'artiste quitta son atelier du faubourg Saint-Honoré pour s'installer à Auteuil. La perte de ce modèle, très supérieur à l'œuvre définitive restée inachevée, est irréparable.

TESTAMENT DE CARPEAUX

Le testament de Carpeaux fut ouvert le jour même de
sa mort.

Ceci est mon testament.

J'exprime la volonté formelle que la tutelle de mon fils Charles
et la direction de son éducation soient confiées à mon père. Je compte
que ma femme ne mettra pas d'obstacles à l'exécution de cette
volonté. Je désire, en outre, que cet enfant soit baptisé le plus tôt
possible, et je prie M. Alexandre Dumas fils de vouloir bien être
son parrain et de l'aider plus tard de ses bons conseils.

Je lègue au musée de Valenciennes, ma ville natale, tous les
modèles en plâtre et les dessins de mes œuvres et la collection de
croquis que j'ai exécutés à Rome et partout où j'ai voyagé, et qui
sont chez mes parents et à Auteuil. Mais à la condition que, sous la
surveillance du conservateur du musée, mes œuvres seront repro-
duites et répandues aussi largement que possible.

Le produit de ces reproductions appartiendra à ma succession.

Je lègue à mon père et à ma mère ou au survivant des deux
tout ce dont la loi me permet de disposer en leur faveur.

Je prie MM. Alexandre Dumas et Chéramy, avoué, d'être mes
exécuteurs testamentaires, de veiller à l'exécution de mes volontés
et à la bonne éducation de mon cher fils Charles.

Fait à Paris, le 22 mai 1874.

(Signé) J.-B. CARPEAUX.

Les lettres d'invitation au service funèbre à Courbevoie,
furent envoyées aux noms de « M. et Mme Carpeaux, ses

père et mère, et de sa famille. » On lisait le lendemain dans
toute la presse l'extrait suivant d'un journal judiciaire :

GAZETTE DES TRIBUNAUX

Tribunal des Référés : Revendication par Mme veuve Carpeaux du soin
de régler les funérailles de son mari.

Mme veuve Carpeaux, née de Montfort, aussitôt qu'elle
a eu connaissance de la mort de son mari, a introduit un
référé pour revendiquer le soin de régler ses funérailles.

Hier soir, à cinq heures, Me Archambault-Guyot, avoué,
a développé en son nom les conclusions suivantes devant
M. le juge Flogny :

Attendu que Mme Carpeaux, à son double titre de veuve et de
tutrice de ses enfants mineurs, résume en sa personne toute l'hérédité
de M. Carpeaux; qu'en fait et en droit, c'est à elle qu'il appartient
de régler les honneurs à rendre aux restes mortels de ce dernier;

Attendu en fait qu'elle a été tenue sciemment dans l'ignorance
du décès de son mari; qu'en effet elle n'a été avisée de ce décès
qu'hier 12 octobre 1875, à cinq heures du soir, par l'apposition des
scellés tentée au domicile de M. Carpeaux par Mr Chéramy, se
disant exécuteur testamentaire de M. Carpeaux, alors que le décès
remontait audit jour, sept heures du matin; que, de plus, il a été
procédé à son insu à la réglementation des funérailles de M. Carpeaux par des personnes étrangères à ce dernier ou qui depuis
longtemps le séquestraient loin des siens; que ces étrangers au foyer
de la famille ont manifesté leur usurpation par des soins rigoureu-
sement réservés à la famille, et une publicité telle qu'il ne saurait
maintenant être procédé à une modification des honneurs funèbres à
rendre au défunt sans un grave scandale; que la concluante se trouve
en ce moment en présence d'un fait accompli; qu'elle fait toutes pro-
testations à cet égard contre qui de droit, mais qu'elle entend
revendiquer absolument le soin et le détail du service religieux et
de l'inhumation :

Par ces motifs :

Donner acte à Mme Carpeaux, en sa double qualité de veuve et tutrice, de ce qu'elle n'insiste pas pour que le corps de M. Carpeaux soit ramené au domicile de ce dernier ; lui donner également acte de ce qu'elle consent à ce que le service funèbre ait pour point de départ l'immeuble où Carpeaux est décédé ;

Ordonner qu'à partir de la levée du corps, le soin des funérailles et leur réglementation, tant civile que religieuse, se fera par Mme Carpeaux ; que la dépouille mortelle sera transférée, selon sa volonté, en l'église d'Auteuil, où il sera procédé par ses soins au service religieux, et ensuite à l'inhumation du corps au cimetière d'Auteuil ;

Donner acte à Mme Carpeaux de l'offre qu'elle fait d'avoir tels égards qu'elle avisera aux propositions qui pourraient lui être faites par la ville de Valenciennes, quant au lieu de sépulture définitive de son mari ;

Faire défense à tous autres de s'immiscer en quoi que ce soit dans les funérailles de M. Carpeaux, et de lancer toutes invitations écrites ou imprimées quelconques ;

Autoriser la requérante à se faire assister des commissaires de police des arrondissements de Courbevoie, Auteuil, Boulogne ou tous autres compétents, et de la force armée si besoin est, pour l'exécution de l'ordonnance à intervenir, laquelle sera exécutoire sur minute et avant l'enregistrement, vu l'urgence.

Après avoir entendu les observations de Mr Chéramy, avoué, qui s'est présenté au nom du prince Stirbey et du père et de la mère de Carpeaux, le juge, tout en louant le sentiment qui a guidé Mme veuve Carpeaux, a décidé qu'en présence de l'énorme publicité donnée par la presse à la fixation et à la réglementation des obsèques de Carpeaux, il y a lieu, pour assurer le plus d'éclat possible aux funérailles de l'artiste, de ne rien modifier aux dispositions prises, le public étant déjà prévenu que ces funérailles devaient avoir lieu à Courbevoie.

Le juge a en outre décidé qu'après la cérémonie religieuse, le corps serait déposé dans un lieu de sépulture provisoire, à Courbevoie.

OBSÈQUES DE CARPEAUX

Déjà avant onze heures, ce matin, la gare Saint-Lazare était pleine de monde : membres de l'Institut, artistes, gens de lettres. On se rendait aux funérailles de Carpeaux.

A onze heures et quart on était à Asnières, et on s'acheminait vers la petite villa où le regretté statuaire avait fini de souffrir.

Il était là, dans une grande pièce convertie en chapelle ardente. On eût dit qu'il dormait. Il reposait, en effet ; il reposait après deux ans d'affreuses tortures. Le corps avait été embaumé par les soins de M. Gannal, qui a refusé toute rétribution pour ses pénibles soins.

Dans le petit jardin qui précède la villa, on avait préparé une table et un album pour ceux qui voulaient inscrire leur nom. Les pages se couvraient à l'envi de signatures, la plupart de noms illustres ou très favorablement connus, et qui feront un précieux recueil d'autographes.

Le 71ᵉ de ligne avait envoyé trois compagnies pour accompagner le convoi. Carpeaux, on le sait, était officier de la Légion d'honneur.

Un peu avant midi, la dépouille mortelle de l'artiste a été descendue et placée dans le corbillard, jonché de fleurs. Sur un coussin couvert d'un voile noir étaient les insignes de la Légion d'honneur.

Ç'a été un moment de vive et poignante émotion pour l'assistance que celui où Mme Carpeaux, la mère de l'artiste, âgée de soixante-seize ans, a paru au haut du perron et a pris place avec tout le monde à la suite du convoi. Le chemin est long de la maison mortuaire à l'église de Courbevoie[1]. La pauvre femme l'a fait, malgré son grand âge et sa cruelle douleur ; elle s'appuyait au bras de l'auteur du *Bleuet*, et qui signe du nom de Gustave Haller.

M. Carpeaux père conduisait le deuil ; les cordons du poêle étaient tenus par M. Wallon, ministre de l'instruction publique, des beaux-arts et des cultes ; M. Guillaume, directeur de l'École des beaux-arts ; M. Alexandre Dumas, de l'Académie française ; M. de Chennevières et ses deux amis si dévoués, M. le prince Stirbey et M. Chérier.

A l'église, pendant l'office, M. Caron (de l'Opéra) a chanté le *Domine*, de Monpou ; puis on a entendu un *Dies iræ*, chanté par les chœurs ; le *Pie Jesu*, de M. Faure, dit par M. Caron, et l'*Agnus*, de M. Grisi (de l'Opéra), chanté par l'auteur.

En sortant de l'église, le corps a été conduit au cimetière de Courbevoie, où un caveau provisoire lui avait été réservé.

M. de Chennevières a prononcé sur la tombe un discours fort remarquable, dans lequel il a apprécié au point de vue de l'art l'œuvre tout entier de Carpeaux.

L'École des beaux-arts, l'Institut, l'Académie, la presse, l'Opéra lui-même, où Carpeaux a laissé un de ses ouvrages les plus importants, étaient largement représentés à ces funérailles.

---

1. Rien de plus laid que cet édifice : un portail dorique auquel s'adosse une carapace énorme, voûtée comme un dos de tortue, imbriquée de vilaines ardoises lézardées. Triste temple pour y honorer la mémoire d'un artiste.　　　　　　　　*(Rappel.)*

Pour l'Opéra, il y avait M. Garnier, M. Halanzier et des artistes.

Quant aux peintres et surtout aux statuaires — ces derniers notamment, — ils étaient innombrables.

DISCOURS DE M. DE CHENNEVIÈRES

DIRECTEUR DES BEAUX-ARTS

Messieurs,

La funèbre année 1875 continue sa moisson : après Millet, Corot; après Barye, Carpeaux, et Carpeaux dans toute l'énergie et la fécondité de son talent, dans le plein midi de sa vie. Je ne veux point dire, à coup sûr, que cette vie n'ait été très remplie, et bien d'autres seraient tenues pour glorieuses avec la moitié des créations de cet abondant et vigoureux artiste. Mais si la perte de Carpeaux nous semble plus cruellement prématurée, c'est qu'il tenait dans notre jeune école plus que la place d'un statuaire de très grande valeur; il y représentait un principe, le principe de la vie même, et il le représentait avec l'autorité qui fait les maîtres et qui dérive à la fois du tempérament et de la science.

Acharné à la poursuite de la force vitale, réelle, modeleur aussi solide que sûr, Carpeaux, comme Barye, était un sculpteur savant et de la grande tradition. Sa verve exubérante, sa recherche passionnée du mouvement et de la vie dominèrent son savoir, mais ne l'ont jamais trahi, et c'est le propre et la marque des grands artistes.

Il était de cette Flandre française qui, au beau temps de la Renaissance, donna à l'école florentine Jean de Douai et Francheville, et c'est le mélange de l'influence florentine et du tempérament flamand qui, à son tour, il y a vingt ans, nous a donné Carpeaux. Souvenez-vous, messieurs, de l'impression profonde que produisit, dans le monde des arts, l'arrivée si inattendue d'Italie de ce groupe d'*Ugolin*, qui nous fit prononcer à tous le nom du Bandinelli, et à Florence, même à côté du demi-dieu Michel-Ange, le nom du Bandinelli n'est pas celui d'un petit maître.

Depuis le groupe fameux de Rude, depuis le *Philopœmen* de David, on n'avait point vu en France une œuvre d'un jet si nerveux et si mâle. Plus tard, la *Flore* des Tuileries et le groupe de l'Opéra, quoique se rapprochant davantage du mode flamand, montrèrent plus à nu peut-être, sans parler de la série merveilleuse de ses bustes, ni de son *Pêcheur*, ni de sa *Jeune Fille à la coquille*, la puissance de souffle et l'organisation magistrale de cet arrière-héritier de Rubens et du Puget.

Je dis Rubens, messieurs, car ce quasi-compatriote de Carpeaux, ce pétrisseur souverain de la chair et de la vie, auquel nul ne songe à reprocher ses Bacchanales et ses Kermesses, a été, sans que celui-ci y pensât sans doute, et par simple affinité de race, le vrai maître du grand sculpteur que nous regrettons ici. Messieurs, quelle que soit en théorie la loi originelle de la statuaire, quelles que soient ses conditions idéales de simplicité et de sobriété, il faut bien nous avouer à nous-mêmes que la sculpture française, qui a fait assez bonne figure entre toutes les autres écoles du monde moderne, n'a jamais été une sculpture très tranquille.

Depuis Jean Goujon et Germain Pilon, depuis les Puget, les Coysevox, et les Coustou, et Bouchardon, et Houdon, jusqu'à Rude et à David, nos maîtres, pour être expressifs, n'ont jamais craint d'être tourmentés.

La sérénité, la noblesse et la pureté des lignes sont, à coup sûr, des qualités essentielles et qu'il convient d'enseigner avant tout. Les esprits les plus distingués dans la peinture, comme dans la sculpture, y trouveront leurs plus délicates jouissances.

Mais quand une école va tourner à la froideur, à la petite manière et à l'affaissement, s'il survient un homme qui lui rappelle que la vie est quelque chose dans la représentation des êtres vivants, et qu'une société aussi mouvementée que la nôtre ne peut guère s'exprimer que par le mouvement; si, par l'exemple de ses œuvres, il fait rentrer cette école dans la tradition constante des plus illustres artistes de son pays, nous pouvons proclamer hautement qu'il a bien mérité de ce pays et que son nom a droit d'être inscrit sur la liste de ses plus glorieux enfants.

Il a droit à l'éternelle vie, au souvenir éternellement reconnaissant de notre école, celui qui, dans l'art dont il fit sa passion, a rappelé la vie, la vie, but suprême de sa trop courte mais laborieuse carrière, et dernière vision du pauvre Carpeaux à son heure d'agonie !

Malgré les réserves formulées par Mme Vve Carpeaux dans son instance en référé, les vœux exprimés par le conseil municipal de Valenciennes devaient se réaliser d'un commun accord.

Le 25 novembre 1875, on lisait, en effet, dans le journal *le Gaulois :*

C'est décidé. Comme nous le disions hier, le corps du grand sculpteur sera rendu, dans quelques jours, à sa ville natale : et les obsèques provisoires qu'une amitié pieuse lui fit à Courbevoie vont avoir à Valenciennes un solennel épilogue.

On s'étonne et, ce nous semble, à bon droit, que le prince Georges Stirbey, dont la sollicitude pour Carpeaux ne s'est pas démentie jusqu'à la dernière heure, ne figure pas, même nominalement, dans le programme de cette suprême cérémonie. Il était juste qu'ayant été à la peine il fût également à l'honneur. On aurait voulu voir dans ces funérailles autre chose qu'une revanche de la famille sur l'amitié.

La ville de Valenciennes n'est pour rien dans cette exclusion regrettable. Trop heureuse d'offrir un dernier asile à l'un de ses plus glorieux enfants, elle a dû se résigner aux conditions mises à cette faveur.

Ces conditions, c'est M. le général de Montfort, père de Mme Carpeaux, qui les a faites. Les voici en substance :

1° Le deuil sera conduit par le général, représentant la veuve, et par les trois orphelins, — clause contraire au référé, par lequel la conduite du deuil avait été dévolue aux père et mère du défunt;

2° Les délégués de la ville de Valenciennes viendront prendre le corps à l'église d'*Auteuil*, — clause également contraire au référé, aux termes duquel le corps devait rester à Courbevoie ;

3° Il sera stipulé, dans le procès-verbal de la délibération, que le corps de Carpeaux a été livré *gracieusement* par sa veuve à la municipalité ;

4° Une place distincte sera réservée dans le cortège à M. Alexandre Dumas *seul*, à l'exclusion des autres fidèles qui ont recueilli les dernières poignées de main et le dernier soupir de l'artiste.

Ces conditions ont paru quelque peu léonines au conseil municipal de Valenciennes. Mais il ne pouvait pas se montrer plus susceptible que le père et la mère de Carpeaux, plus susceptible que le prince Stirbey, dont les droits ne sauraient être mis en doute. Il a jugé, comme eux, que la justice avait joué dans cette affaire un rôle assez pénible pour qu'on n'eût plus recours à son intervention, et comme eux, afin d'éviter un suprême scandale, il s'est incliné.

Les autres dispositions arrêtées pour les funérailles sont les suivantes :

Le corps partira de Paris le samedi 27 par un train de nuit ;

Le 28 au matin, l'administration de la ville de Valenciennes, la commission et le conseil académique iront le recevoir à la gare et le conduiront à la chapelle ardente, disposée à cet effet dans l'Ecole des beaux-arts, et où il restera exposé toute la journée du dimanche 28.

Les funérailles auront lieu le lundi, à onze heures du matin, avec une grande solennité.

Le lendemain, la commission s'occupera de la souscription nationale pour élever un monument à Carpeaux.

Tandis que ces préparatifs se faisaient à Valenciennes, un conseil de famille se tenait à Paris pour nommer un subrogé tuteur aux enfants de l'artiste défunt.

Ce fait pourra surprendre si l'on se rappelle que, par une clause de son testament, Carpeaux avait confié la garde des orphelins à ses parents. Mais la loi sur ce point est formelle et constitue la mère survivante tutrice de ses enfants mineurs. On a donc prié M. Carpeaux père de renoncer au privilége que lui concédait le testament de son fils. Mais, sur les conseils de M⁰ Chéramy, avoué, il s'est refusé à cette renonciation, s'est incliné simplement devant la loi, et l'on a passé outre à la nomination d'un subrogé tuteur.

On sait que le sculpteur Carpeaux est mort sans fortune.

Le ministre des beaux-arts vient d'accorder, sur les fonds de son département, aux père et mère de l'illustre sculpteur une pension annuelle de 800 francs.

(Moniteur universel, 5 avril 1879.)

FUNÉRAILLES DE CARPEAUX

A VALENCIENNES

(SERVICE TÉLÉGRAPHIQUE DE L'*Opinion*.)

Valenciennes, lundi 29 novembre 1875, matin.

Le père et la mère de Carpeaux sont arrivés dans la nuit. Il soufflait une bise glaciale, la neige chassait assez violemment et le train était couvert d'épais flocons.

La neige couvre légèrement la ville, et, dès Amiens, nous l'avons aperçue.

Je note au passage un détail funèbre qui m'a impressionné. A Douai, comme on attendait que le train de Valenciennes fût formé, les rares voyageurs de ces trains regardaient le père et la mère de Carpeaux, tous deux assis au milieu des bagages ; la mère de Carpeaux tenait sur son bras un gros bouquet d'immortelles orné d'un C ; le père portait une énorme couronne funéraire. Les deux braves gens regardaient sans mot dire ce qui se passait autour d'eux. Ils ne voient depuis quelque temps que services funèbres, et semblent très abattus.

Dans la ville, ce ne sont que placards à filets noirs annonçant les funérailles et indiquant l'ordre du cortège solennel qui accompagnera le corps de Carpeaux au cimetière. On dresse des arcs de triomphe qui seront décorés de drapeaux couverts de crêpes. Les habitants sont invités à pavoiser leurs maisons du drapeau national voilé de crêpes noirs.

On prépare de grandes obsèques, en un mot, et dans la façon toute somptueuse dont elles sont conçues, il y a peut-être une pointe d'exagération. « Mais, disent les Valenciennois, on ne saurait trop faire pour honorer un tel mort. » Et l'on songe que la petite ville est de celles qui produisent le plus d'artistes. A l'heure actuelle, elle compte quatre prix de Rome vivants ; après avoir été la patrie de Watteau, d'Abel de Pujol, de Carpeaux, elle est aussi la patrie de M. Wallon. L'affluence est considérable ; on annonce l'arrivée du ministre.

Valenciennes, 29 novembre, 4 h. soir.

La neige continue à tomber depuis hier. Les funérailles viennent d'être célébrées au milieu d'un concours immense de population. De Lille, de Douai, de plusieurs autres villes avoisinantes, il est venu des députations envoyées par les écoles libres des beaux-arts, peinture, architecture ou sculpture. On n'a pas à signaler la présence des membres de l'Institut. Carpeaux, en effet, n'était pas de l'Académie, et la commission célèbre « des funérailles », à la tête de laquelle marche M. Lefuel, n'a pas eu à se déranger.

Le général de Montfort était arrivé dans la nuit, avec les enfants. Mme Carpeaux a décliné l'invitation du conseil, et, après avoir consenti à la translation des cendres, a refusé de les suivre jusqu'à la tombe définitive. Le prince Stirbey, qui avait été officiellement invité, a décliné aussi l'invitation. M. Dumas fils également ; de sorte que, dans cette malheureuse affaire, presque tous ceux qui s'intéressaient directement au sculpteur se sont trouvés écartés. M. Wallon, dont on annonçait aussi l'arrivée, n'est pas venu.

La fête funèbre a donc pris, dès le commencement, une physionomie toute locale, qu'elle a conservée jusqu'à la fin.

Par exemple, j'ai rarement vu un cortége de funérailles plus imposant que celui qui vient de traverser Valenciennes.

Toute la ville était réunie, à onze heures, sur la place de l'Hôtel-de-Ville, cette jolie réduction de la façade du Bocador, que surmonte la *Valenciennes* de Carpeaux, popularisée par la terre cuite. La femme, les cheveux au vent, est dans l'attitude énergique de la défense, le cou penché en avant. A ses pieds se trouve une pièce de canon. Tout le monde connaît l'œuvre ; elle fait un splendide effet au-dessus de la jolie construction moderne qui remplace, sur le même modèle, l'ancienne façade de l'hôtel de ville.

Les dentelures du monument sont couvertes de neige ; le clocheton tout blanc ; la foule se tient silencieuse sur les trottoirs étroits de la place d'Armes.

A onze heures et quelques minutes, le cortége se met en marche dans l'ordre suivant :

Un peloton de cavalerie envoyé par le régiment de dragons de la garnison ;

Le 27ᵉ régiment de ligne, qui forme la haie sur tout le parcours du cortége et les piquets d'honneur.

Deux bannières de deuil aux initiales de Carpeaux :

Une députation des Écoles ;

Le collège de la ville de Valenciennes ;

Quatre tambours et la musique qui joue la marche funèbre ;

L'Association chorale ;

Les orphéonistes valenciennois ;

Les canonniers de Valenciennes, au nombre de deux cents environ, vieille artillerie qui fait penser aux fortifications jadis redoutables de la citadelle :

Les pompiers de Valenciennes ;

Le clergé de Notre-Dame ;

Le char funèbre, somptueusement décoré de draperies d'argent et de panaches blancs, traîné par quatre chevaux caparaçonnés de noir ;

Le général de Montfort, les enfants, le père et la mère de Carpeaux. Les deux braves gens marchent à quelques pas derrière le général ;

M. Assenat, sous-préfet de Valenciennes ;

M. Magniez, président du tribunal de première instance, et les juges ;

M. Durieux, président du tribunal de commerce, et le tribunal ;

Les cordons du poêle sont tenus par MM. Bultot, maire ; Legrand, conseiller général ; Savin de Larclause, colonel du 14ᵉ dragons ; Dupont de Saint-Ouen, vice-président du conseil académique ; Hiolle, le sculpteur, et Moyaux, architecte. Ces deux derniers compatriotes de Carpeaux ;

Puis viennent les membres du conseil municipal ;

Le commandant de place et les officiers des deux régiments, cavalerie et infanterie, en garnison à Valenciennes ;

Les juges de paix ;

La chambre de commerce ;

Les conseils académiques (la peinture, la sculpture, l'architecture et la musique). C'est à ces écoles, il faut le croire, que Valenciennes doit sa fécondité artistique.

Peu de villes s'occupent autant de beaux-arts et forment autant d'écoliers.

A la suite des conseils académiques marchent les invités. — Les invités ! le mot est vague. — Il comprend tous ceux que le conseil municipal a conviés officiellement aux obsèques de Carpeaux. Je vous enverrai les noms les plus marquants dans un troisième télégramme.

Après le groupe des invités, s'avancent successivement :

Les professeurs et les élèves des académies avec leur drapeau,

Les médaillistes des académies,

La commission des hospices,

Le bureau de bienfaisance,

Les commissaires des quartiers,

La Société d'agriculture,

La Société des Incas,

Les Sociétés de secours mutuels avec leurs bannières,

Un détachement de canonniers.

La foule suit recueillie, par masses compactes, qui sont obligées de se resserrer dans les étroites rues de Valenciennes.

Le cortège a été prendre le corps aux académies, il le conduit à Notre-Dame en passant par les rues de Paris, la place d'Armes et la rue du Quesnoy. Les drapeaux sont aux fenêtres, crêpés en signe de deuil ; dans les rues de Paris et du Quesnoy, deux arcs de triomphe tendus de noir, sur lesquels on lit :

A CARPEAUX. SES CONCITOYENS.

Là, une mise en scène vraiment digne d'un mort illustre. Toute l'église tendue de noir et remplie de torchères aux flammes vertes ; au milieu, un splendide catafalque couvert de draperies noir et argent aux étoiles d'argent. Partout des écussons aux armes de Valenciennes et aux initiales de Carpeaux. Au-dessus de ce catafalque, un dais élevé, orné de panaches et illuminé de cierges innombrables.

Le cortège se range sur les deux côtés de l'église, partie dans la nef et partie sous le portail, car la place manque.

La place est encombrée de monde, et aux fenêtres, malgré le froid, on voit apparaître autant de têtes de curieux que ces fenêtres peuvent en contenir.

Le service solennel religieux dure assez longtemps.

Le clergé de Notre-Dame du Saint-Cordon célèbre l'office des morts, et le cortège se remet en marche pour aller au cimetière.

Si Carpeaux n'a pas encore son monument, sa tombe avait ce matin une décoration tout artistique. Par les soins de M. Léonard, encore un artiste de Valenciennes, on avait disposé sur la tombe une sorte de monument provisoire, brossé sur la toile, et tout théâtral, mais du plus grand effet.

Deux cariatides soutiennent un fronton sur lequel apparaît un génie. Derrière, un génie des Arts, appuyé sur l'écusson de Valenciennes. Une muse écrit au bas le nom de Carpeaux.

La foule se range autour de la tombe, et ceux qui ne peuvent pénétrer se groupent difficilement à l'entrée du cimetière.

M. Legrand, conseiller général, a prononcé un discours.

Puis M. J.-B. Foucart, délégué par l'académie de Valenciennes, prononça ces dernières paroles :

Chers concitoyens,

Si, en dehors des habitudes et des prescriptions réglementaires, c'est moi qui suis aujourd'hui chargé par l'académie de Valenciennes de rendre un dernier et cher hommage à son membre le plus illustre, personne de vous ne s'en étonnera, j'en suis aussi certain que je serai à tout jamais reconnaissant du vœu spontané de mes collègues par lequel, quoique l'un des derniers venus parmi eux, j'ai été appelé à prononcer ici les dernières paroles.

C'est que tous ont compris, comme vous le comprenez vous-mêmes, que plus de trente années de la liaison la plus intime avec Carpeaux m'autorisaient ou plutôt m'obligeaient à faire ici ce qu'il y ferait lui-même, s'il surgissait tout à coup au milieu de ce deuil triomphal, et à remercier pour lui, sur sa tombe, par l'association

de leur nom au sien, ceux qui ont devancé, en le poussant à s'en
rendre digne, l'universelle sympathie dont ne manquent jamais les
morts fameux et dont le seul tort est parfois d'avoir attendu pour
se manifester l'heure suprême des funérailles.

Merci d'abord et surtout, au nom de cette mémoire amie, à
celui qui, au début des rudes années du noviciat, remplaça pour
Carpeaux la famille absente ; à son premier et véritable maître ; au
Valenciennois mort jeune et inconnu, en rêvant la gloire pour lui-
même comme pour le jeune homme qu'il voua au culte du grand
art, et dont, du moins, la seconde espérance n'a pas été un vain
rêve : à Victor Liet !

Quand la légende que certains tentent déjà de former autour
des premières années de Carpeaux aura fait place à l'histoire irrécu-
sable de son éducation, on saura dans quel respect Victor Liet
l'éleva pour les vrais grands hommes dont il lui apprit à devenir
directement l'élève posthume ; on saura quelle vénération profonde
et régulatrice lui fut inspirée par cet initiateur pour les véritables
traditions artistiques qu'il devait renouveler plus tard en les continuant librement ; on saura à quelles études patientes, à la fois logi-
ques et enthousiastes, s'astreignit, à la voix et sous la direction de
ce maître aimé, l'adolescent qui se préparait, avec science de son
but et conscience de son courage, à donner un nouvel essor à la statuaire française en se séparant des mensonges convenus de l'art académique officiel.

Merci ensuite à Abel de Pujol qui le reçut de Liet, déjà tout
formé ; à Rude qui, lorsque Abel de Pujol dut fermer son atelier,
l'accueillit dans le sien et qui, comme Liet continuait à le faire, lui
enseigna ce qu'il pratiquait si bien lui-même : le dédain des médio-
crités hissées dans le présent sur un piédestal, mais auxquelles l'avenir n'élèvera jamais de statues, le culte assidu des morts glorieux
dont l'ensemble forme pour l'art une véritable église triomphante,
et la soif de vivre avec eux dans la postérité.

Merci aussi à toi, vieux Michel-Ange ! A toi que, parmi les
grands immortels, Carpeaux choisit pour patron, après Nicolas Pous-
sin, dont le vigoureux enseignement avait été sa première nourriture
intellectuelle. De son lit de douleur, chez le généreux ami que nous
regrettons de ne pas voir ici, Carpeaux rêvait d'assister à ton centenaire. Il ne l'a pu, hélas ! En son nom, je m'incline devant ton
génie inspirateur, à l'heure où Valenciennes fait pour lui ce que
Florence vient de faire pour toi.

Merci enfin à notre ville natale qui lui donna le pain des premiers jours et lui tint lieu de mère pendant les années d'épreuves. C'est lui-même qui doit en ce moment exprimer sa gratitude pour elle. Ici, je me tais pour lui laisser la parole :

« Monsieur le maire, — écrivait-il à son ami M. Bracq, alors premier administrateur de notre cité, en mai 1860, lorsqu'il venait d'exposer *le Petit pêcheur* et qu'il préparait l'*Ugolin*, — en quittant Valenciennes pour aller reprendre à Rome le grand travail que j'y ai laissé interrompu, je viens vous prier d'exprimer au conseil municipal toute ma gratitude pour la bienveillance avec laquelle il a accueilli l'offrande que je devais à ma ville natale de la première d'entre mes œuvres que je crois digne de l'avenir.

« Dans la noble mais difficile carrière que j'ai embrassée, j'eusse rencontré dès mes premiers pas d'invincibles obstacles si Valenciennes n'avait été pour moi une seconde mère.

« J'ai donc contracté envers elle une dette de reconnaissance dont je ne perdrai aucune occasion de m'acquitter.

« Mon rêve a toujours été non seulement de déposer, soit au musée, soit à l'académie, dans une salle que je prierai le conseil municipal de leur réserver, un exemplaire de chacune de mes œuvres que je produirai désormais, mais encore de laisser à Valenciennes une marque en quelque sorte plus spéciale de ce que je sens et de ce que je puis, en m'efforçant de faire revivre d'une façon digne de son gracieux génie le plus illustre des artistes valenciennois, Antoine Watteau. Défigurée jusqu'à présent plutôt que reproduite par des praticiens vulgaires, la physionomie de l'ingénieux auteur de tant de ravissantes toiles, qui ont opéré l'union de l'école flamande à l'école française, attend encore son interprète.

« Le jour où Valenciennes voudra faire pour Watteau ce qu'Amsterdam a fait naguère pour Rembrandt, j'aime à espérer qu'elle me confiera ce soin pieux...

« Je serais heureux, monsieur le maire, que mon offre fût accueillie, maintenant que je suis à l'âge où, pour l'ordinaire, les artistes produisent leurs plus belles œuvres; je brûle de ne pas laisser passer, sans rendre hommage à notre mère commune et à Watteau, les belles années où lui-même a eu de si délicates aspirations. »

Ce que sa plume écrivait en 1860, dans ce texte désormais historique, il l'a depuis écrit avec l'ébauchoir et le ciseau. Il a même dépassé son espoir. Il a pu nous donner Valenciennes sous ses deux

aspects : Valenciennes artiste dans son Watteau, si élégant et si fin ;
Valenciennes patriote dans l'œuvre si chaude et si hardie qui couronne notre hôtel de ville : *la Cité défendant la Patrie.*

Et maintenant, ami, entre dans la postérité ! Tu as travaillé, lutté,
souffert en vue d'elle. Tes compatriotes ont devancé aujourd'hui son
arrêt ; je suis sûr qu'il ne les démentira pas.

Le jour même, le conseil municipal adressa aux journaux la letrre suivante :

Valenciennes, 29 novembre 1875.

Monsieur le directeur,

Au jour même de la mort de Carpeaux, la ville de Valenciennes
résolut d'honorer la mémoire de son illustre enfant. Elle a obtenu
qu'on lui rendît ses restes mortels ; dès à présent, ils ont été rendus
à la terre natale, où ils reposent. Il s'agit maintenant d'élever au
grand artiste un monument qui soit digne de lui.

Il nous incombe aussi de réaliser sa dernière pensée, d'obéir pieusement à son vœu suprême, en faisant exécuter en marbre ce que
lui-même se plaisait à nommer *son œuvre de prédilection*, et ce qu'on
saluera peut-être comme la plus magnifique création de son génie :
LE MONUMENT ET LA STATUE DE WATTEAU, notre peintre.

Dans la séance du 12 novembre 1875, le conseil municipal de
Valenciennes a voté l'ouverture d'une souscription publique qui nous
permît de subvenir à ces travaux. Mais nos ressources locales seraient
insuffisantes.

Laissés à nous-mêmes, nous devrions renoncer sans doute à notre
tâche. Nous y renoncerions si nous n'étions en droit de compter,
pour l'accomplir, sur tous ceux qui conservent, en France et à
l'étranger, le souci des grands morts et le culte du beau.

Pour que notre appel soit entendu, nous demandons à la presse
de le reproduire et de le propager. Nous serions heureux si vous
nous prêtiez un précieux concours, en annonçant et ouvrant la souscription dans le journal que vous dirigez, — et en consentant à recueillir les offrandes, qui seraient ensuite adressées à M. le maire
de Valenciennes, président de la commission instituée par le vote du
conseil municipal.

Nous vous remercions vivement à l'avance de ce que vous vou—

drez bien faire à cet effet. Et vous prions, monsieur, d'agréer l'expression de nos sentiments les plus distingués.

Les conseillers municipaux, membres de la commission :

BULTOT, maire; CLAISSE, adjoint; DURIEUX, Dr LEJEAI.
LOUIS LEGRAND, ALFRED GÉRARD, DEBARALLE.

De récentes informations (21 août 1879) nous permettent de dire que la souscription n'a pas produit les résultats
espérés. Des amis et compatriotes de Carpeaux ont cru
qu'il était utile de préparer une ressource supplémentaire
pour l'exécution du monument de Carpeaux et de celui de
Watteau. La souscription sous sa première forme paraît
avoir épuisé tout son effet. Dernièrement devait avoir lieu le
tirage d'une loterie organisée dans la même intention. Enfin
on a eu l'idée de faire exécuter par M. Léopold Flameng
la gravure d'un admirable dessin de Carpeaux appartenant à M. J.-B. Foucart et représentant *Notre-Dame-du-
Saint-Cordon*.

Cette gravure fera l'objet d'une nouvelle souscription
à des prix fixés en raison des différents états, épreuves avant
la lettre, sur Japon, sur Chine, sur parchemin, épreuves
ordinaires et après la lettre. Elle ne sera pas mise dans le
commerce.

L'intention est excellente et on trouvera là un appoint
intéressant aux sommes déjà recueillies. Cependant il faut
bien dire que la charge est trop lourde pour les ressources
locales. La gloire de Carpeaux appartient à la France entière : il ne serait que juste que de tous les points de la
France on concourût à l'œuvre du monument de Carpeaux.
Il est question, nous dit-on, de constituer dans ce but un
comité spécial à Paris. On fera bien.

Cependant la souscription au 27 juin s'élevait à 15,769 fr.
15 c. On estime le produit de la loterie à 4 ou 5,000 fr.
Mettons 20.000 francs en chiffres ronds. D'après les devis

de M. Louis Auvray, cette somme serait suffisante si
l'on voulait se borner à n'élever dans le cimetière qu'un
tombeau modeste, où figurerait le buste modelé par
M. Hiolle. Le reste, 15,000 francs environ, couvrirait les
frais d'une statue qui, de toute nécessité pour la gloire commune de la ville et de l'artiste, doit être élevée sur une
place de Valenciennes, et non au cimetière comme il en
est question.

Quant au monument de Watteau, on sait que la statue
modelée par Carpeaux et coulée en bronze est installée
sur un piédestal provisoire dans la cour de l'hôtel de ville
de Valenciennes. Mais que faudra-t-il d'argent pour exécuter le piédestal définitif ? Ce piédestal, composé par Carpeaux, est très compliqué, très chargé d'ornements. L'âme
devra être en pierre bleue de Belgique et les sculptures en
bronze. On n'estime pas à moins d'une centaine de mille
francs l'érection des groupes de cygnes, des quatre vasques,
des deux bas-reliefs, des inscriptions, et des quatre figurines de la Comédie italienne : Arlequin, etc.

La ville suffira-t-elle à cette dépense ? A moins d'un
effort énergique, que rien ne fait prévoir, il est permis d'en
douter.

CATALOGUE CHRONOLOGIQUE

DE

L'ŒUVRE DE J.-B. CARPEAUX

1843.

VALENCIENNES. — Deux frontons en bas-relief pour la maison de M. Hollande, rue Famars à Valenciennes. Modelés en terre, exécutés en bois.

> Les plâtres de ces bas-reliefs appartiennent à la Société d'agriculture, sciences et arts de Valenciennes, pour laquelle Carpeaux a fait aussi le buste du prince de Croï d'après une peinture.

Joseph reconnu par ses frères, bas-relief plâtre. — Au Musée de Valenciennes.

1844.

MONCHY-LE-PREUX (Pas-de-Calais). — *Les quatre Docteurs de la Loi*, saint Ambroise, saint Jérôme, saint Grégoire, saint Augustin. Statues plâtre pour l'église de Monchy.

1848.

VALENCIENNES. — *La Sainte-Alliance des peuples*, frise en bas-relief. — Chez M. J. B. Foucart, avocat. — Plâtre.

> Hauteur 1^m,05. — Largeur 3^m,53.

1850.

PARIS. — *Achille blessé au talon par la flèche de Paris*, statue plâtre pour le concours du prix de Rome. Cassée.

Portraits de *M.* et de *M*ᵐᵉ *L. J. Foucart*, médaillons plâtre, à Valenciennes.

Portrait du chanteur *Bataille* dans le rôle du chevrier du *Val d'Andorre*, statuette plâtre.

1852.

PARIS. — *L'Attention*, buste plâtre.
Philoctète dans l'île de Lemnos, statue plâtre.

Concours de l'École des Beaux-Arts.

1853.

PARIS. — *La Soumission d'Abd-el-Kader*, bas-relief plâtre; exposé au Salon.

Le marbre fut commandé par l'empereur, à Amiens, en septembre de la même année.

1854.

PARIS. — *La Frayeur*, buste plâtre.

Hector implorant les dieux en faveur de son fils Astyanax, groupe plâtre. Prix de Rome. — (A l'École des Beaux-Arts.)

1855.

PARIS. — *Le Génie de la Marine*, trophée pierre. — Au pavillon de Rohan, au Louvre.

1856-1857.

ROME. — *L'Enfant boudeur*, buste plâtre.

> *La Palombella*, buste plâtre, exposé en marbre au Salon de 1864.

1858.

ROME. — *Pêcheur napolitain à la coquille*, statue plâtre. (Envoi de Rome.)

> En bronze au Salon de 1859.
> En marbre au Salon de 1863 et à l'Exposition universelle de 1867.

1860.

VALENCIENNES. — Portrait de Mlle *Anna Foucart* (depuis Mme Paul Sautteau), buste bronze; repris, arrangé et exposé depuis sous le titre de la *Rieuse*.

1860-1862.

ROME. — *Ugolin et ses enfants*, groupe plâtre. Envoi de dernière année à l'École des Beaux-Arts.

> Portrait de Mme *la marquise de la Valette*, buste marbre.

> Portrait du *marquis de Piennes*, buste, bronze.

> Portrait de M. *Vaudremer*, architecte, buste bronze.

> Portrait de *Louis-Maximilien Beauvois*, alors notaire à Valenciennes, buste bronze. Appartient aujourd'hui à M. Foucart père. — Ce buste porte les inscriptions suivantes : — A gauche: (*A*) *A mon*

Ami Beauvois. B. Carpeaux. Valenciennes, 1862.
— Par derrière : *Non ultimato*.

1863.

PARIS. — *Ugolin :* bronze, acheté par l'État, exposé au
Salon de 1863 ; placé dans le jardin des Tuileries.

Portrait de *S. A. I. M*ᵐᵉ *la Princesse Mathilde.*
buste marbre.
Étude pour le portrait précédent, tête bronze, appartient à M. Alexandre Dumas.

Portrait de *Georges Foucart à l'âge de dix ans,* médaillon. Diamètre 0ᵐ,40. Modelé en cire et
fondu en bronze pour dessus de bonbonnière ; a
été depuis monté en broche.

1864.

PARIS. — *Jeune Fille à la coquille.* statue plâtre.

La Palombella, souvenir de la Sabine, buste marbre.

Ces deux ouvrages ont figuré au Salon.

1865.

PARIS. — Portraits de MM. *Ernest André,* buste.
Édouard André. buste.
Eugène Giraud. buste bronze.
Tissot, consul à Jassi, buste.
Comte Welles de La Valette. buste.
Portrait de Mˡˡᵉ *Benedetti,* buste marbre.

Aucun de ces bustes ne fut exposé.

1866.

Paris. — *La Tempérance;* groupe pierre pour la Trinité.

*La France impériale portant la lumière dans le
monde et protégeant l'agriculture et les sciences,*
groupe, plâtre. Modèle pour la décoration du
pavillon de Flore aux Tuileries. — Exposé. —
Décoration de la façade sud du pavillon de Flore
reconstruit aux Tuileries.

1° *La France,* fronton.
2° *Enfants portant des palmes,* frise.
3° *Le Triomphe de Flore,* bas-relief.

Lorsque sur la terre on moula le bas-relief, le masque de Flore
sortit intact. Ce masque (terre cuite) appartient à M. Paul Foucart.

Le Prince impérial, statue, plâtre. — Exposée au
Salon.

1867.

Paris. — *Jeune Fille à la coquille,* statue, marbre.

S. A. le Prince impérial, buste, marbre.

Ces deux ouvrages figurèrent au Salon.

EXPOSITION UNIVERSELLE.

Ugolin et ses enfants, groupe, marbre de Saint-
Béat.

« Lorsqu'un faible rayon eut pénétré dans le triste cachot, et
que, sur quatre visages, je vis mon propre aspect, de douleur, les
deux mains je me mordis; et ceux-là pensant que c'était par l'envie de manger, soudain se levèrent et dirent : « Bien moins de peine
« serait-ce si tu nous mangeais; tu nous as revêtus de ces misérables
« chairs, et toi aussi dépouille-nous-en! »
« Lors je me calmai pour ne pas les affliger plus; ce jour et le

18

suivant nous demeurâmes muets. Ah! terre barbare, pourquoi ne
t'ouvris-tu point?

« Quand nous fûmes au quatrième jour, Guaddo tomba étendu
à mes pieds, disant : « Père, pourquoi ne me secours-tu ?... »

« Là il mourut, et, comme tu me vois, je vis les trois autres
tomber un à un entre le cinquième jour et le sixième. »

DANTE, Enfer. ch. XXXVII.

Pêcheur napolitain à la coquille, statue, marbre.

Exposée au Salon de 1863. Appartient à S. M. l'Impératrice.

Le Prince impérial, statue, marbre.

Exposée au Salon de 1866. Appartenait à S. M. l'Empereur. (Aujourd'hui à Arenenberg.)

La Rieuse, buste, marbre.

Il existe aussi un *Rieur* faisant pendant qui ne fut pas exposé.

Portrait de M. *Eugène Giraud,* peintre, buste,
bronze.

Portrait de M. *Vaudremer,* architecte, buste, bronze.

Portrait de M⁰ *Beauvois,* notaire à Valenciennes,
buste, bronze.

1868.

PARIS. — *S. eA. le Prince impérial,* statue, bronze argenté.
Exposée au Salon. — Une seconde épreuve était placée
à l'hôtel de ville de Paris.

Portrait de Mᵐᵉ *la duchesse de Mouchy,* buste,
marbre. — Exposé au Salon.

Portrait de M. *Rainbaud,* buste, marbre.

1869.

PARIS. — *Négresse.* « Pourquoi naître esclave ? » buste, marbre. — Exposé au Salon. — Placé au château de Saint-Cloud.

> Portrait de M. *Ch. Garnier,* architecte du nouvel Opéra, buste, bronze. — Exposé au Salon.

> *Watteau,* statue, bronze. Pour le monument de Watteau à Valenciennes.

> *La Danse,* groupe, pierre, pour la façade principale du nouvel Opéra.

1870.

PARIS. — Portrait de Mlle *Eugénie Fiocre,* buste, marbre. — Exposé au Salon.

> *Mater dolorosa,* buste, marbre. — Exposé au Salon.

> *La Ville de Valenciennes repoussant l'invasion,* groupe, pierre, décorant le fronton de l'hôtel de ville de Valenciennes.

> Portrait de l'*Amiral Tréhouart,* buste, marbre. — Placé au musée de Versailles.

1871.

LONDRES. — Portrait de M. *Ch. Gounod,* buste, bronze.

> Portrait de Mme *Carpeaux,* buste.

> Portrait de Mme *R...*

> *Daphnis et Chloé,* groupe.

1872.

Paris. — *Les Quatre Parties du monde soutenant la sphère*, groupe, plâtre, modèle de décoration pour la fontaine de l'Observatoire. — Exposé au Salon.

Ce groupe a été exécuté en bronze et a reçu sa destination.

Portrait de M. *Gérôme*, peintre, buste, bronze. — Exposé au Salon.

1873.

Paris. — Portraits de M. et de Mme *Chardon-Lagache*, bustes, marbre. — Exposés au Salon.

1874.

Paris. — Portrait de Mme *Sipierre*, buste, marbre.

Portrait de M. *Alexandre Dumas fils*, buste, marbre.

L'Amour blessé, statuette, marbre. — Appartient au prince Georges Stirbey.

Ces trois ouvrages ont été exposés au Salon.

Buste de *Napoléon III*, bronze. — Appartient à S. M. l'Impératrice.

Un second exemplaire fut exécuté pour le prince Demidoff.

1875.

Paris. — Portrait de M. *Chérier*, peintre, buste, bronze.
Portrait de Mme *Alexandre Dumas*, buste, marbre.

Ces deux ouvrages furent exposés au Salon.

ÉTAT

DES REPRODUCTIONS EN TERRE CUITE

AU 22 MARS 1875

BUSTES

	Terminés.	Non terminés.
1. Bacchante aux lauriers.	2	»
2. Bacchante aux roses.	2	»
3. Bacchante aux vignes.	1	»
4. Boudeur.	7	»
5. Candeur.	2	»
6. Chinois.	2	»
7. Dumas nº 1.	»	»
— nº 2.	»	»
— nº 3.	1	»
8. Espérance.	1	»
9. Espiègle.	3	»
10. Été.	1	»
11. Fiancée.	»	»
12. Génie de la danse.	2	»
13. Gérôme.	1	»
14. Gounod	1	»
15. Mater dolorosa (finie).	1	»
— esquisse.	1	»
16. Négresse.	1	»
17. Palombella au collier.	»	»
18. — au pane.	»	1
19. Printemps.	1	»
20. Rieur napolitain.	2	»
21. Rieuse napolitaine.	2	»
22. Rieur aux pampres	1	1
23. Rieuse aux roses	»	2

STATUETTES ET GROUPES

	Terminés.	Non terminés.
Amour blessé	1	»
Amour à la folie	2	»
Daphnis et Chloé	»	2
Défense de la patrie	1	»
Ève accroupie	»	1
Ève tentée	1	»
Figaro	1	»
Frileuse	»	1
Frère et Sœur	5	2
Flore accroupie	1	»
Génie de la danse nº 1	3	»
— nº 2	2	»
Jeune Fille à la coquille	»	1
Pêcheur napolitain	»	1
Pêcheuse de vignots	6	»
Prince impérial	»	1
Suzanne surprise	1	»
Toilette de Vénus	»	1
Trois Grâces	»	2
Ugolin, groupe	1	»

ESQUISSES

Ève emportant le fruit du mal	»	1
Groupe de la danse	»	1
Madone	1	»
Jeune Mère	1	»
L'Agriculture	1	»
La Science	1	»
La France	»	»

La plupart de ces œuvres sont des reproductions ou des
arrangements des œuvres connues. Celles qui sont originales furent exécutées de 1869 à 1875. Dans le même intervalle se placent aussi quelques bustes, le *Docteur X.* entre
autres et le *Violoniste,* buste terre cuite, quelques esquisses :

la *Poésie grave* et la *Poésie légère*, bas-relief; un Crucifix, etc. Carpeaux avait concouru pour l'exécution du
monument de Moncey. La maquette de son projet a été
conservée, ainsi que celle du monument de don Pedro pour
lequel il avait également concouru.

Il serait d'un grand intérêt pour l'enseignement que
toutes les esquisses originales, qui subsistent encore, modelées de la main de Carpeaux, fussent achetées et conservées
par l'État.

NOTICE BIOGRAPHIQUE

Carpeaux (Jean-Baptiste-Jules),

Né à Valenciennes, département du Nord, le 11 mai 1827,

Élève de l'académie de Valenciennes, d'Abel de Pujol, de Rude et de Duret, à Paris. — Quelques biographes citent encore David (d'Angers) comme l'un de ses maîtres. Carpeaux n'avouait au livret du Salon que Rude et Duret ;

Médailliste de l'académie de Valenciennes.

Entré à l'École royale de dessin et de mathématiques, à Paris, en 1842, où il obtint les récompenses suivantes :

1842. Concours de semestre : *Sculpture d'ornement*, 2ᵉ prix. — *Modelé d'après la bosse*, 1ᵉʳ accessit. — Grand concours annuel : *Modelé d'après nature, plante vivante*, 1ᵉʳ grand prix.

1843. Concours de semestre : *Modelé d'après la bosse*, 1ᵉʳ accessit. — Concours du 3ᵉ trimestre : *Dessin copié, figure*, 2ᵉ accessit. — Concours du 1ᵉʳ trimestre : *Sculpture d'ornement, composition esquisse*, 1ᵉʳ accessit. — 3ᵉ trimestre : *Même concours*, 3ᵉ accessit. — Grand concours annuel : *Section de sculpture d'ornement, composition, exécution, bas-relief*, 1ᵉʳ accessit. — *Modelé d'après nature, plante vivante*, mention honorable supérieure au 1ᵉʳ grand prix. — *Modelé d'après la bosse*, 1ᵉʳ grand prix.

1844. Grand concours annuel : *Sculpture d'ornement, composition, exécution, bas-relief*, 2ᵉ prix.

1844. Entré à l'École des beaux-arts le 2 octobre 1844.

1845. Pensionnaire du département du Nord à Paris.

1847. 3 avril. 1re médaille de figure modelée d'après nature à l'École des beaux-arts.

1848. 27 mai. Classé le 5e au concours d'entrée en loges pour le grand prix.

1849. Médaille d'or au concours de la Société d'agriculture, sciences et arts de Valenciennes.

1850. Pensionnaire de la ville de Valenciennes à Paris.

1850. 1er juin. Classé le 3e au concours d'entrée en loges pour le grand prix.

1850. 7 septembre. Mention au concours du grand prix.

1850. 16 octobre. 2e médaille au concours d'esquisse.

1850. Nommé répétiteur à l'École de dessin et de mathématiques.

1851. 8 février. 2e médaille au concours de figure modelée d'après l'antique.

1851. 31 mai. Classé le 3e au concours de loges pour le grand prix.

1852. 13 mars. Mention au concours pour la tête d'expression.

1852. 19 mai. 1er logiste pour le grand prix.

1852. 4 septembre. 2e grand prix.

1853. 30 mai. 2e logiste pour le grand prix. — Pas de prix.

1853. Août. Grande médaille d'émulation.

1854. 22 avril. Mention au concours de la tête d'expression.

1854. 3 juin. 5e logiste pour le grand prix.

1854. 9 septembre. Grand prix de Rome.

1854. Grande médaille d'émulation.

1859. Médaille de 2e classe au Salon.

1861. Grande médaille d'honneur à l'Exposition universelle de Metz.

1861. Diplôme d'honneur à l'Exposition de Nantes.

1863. Médaille de 1re classe au Salon.

1866. 13 août. Chevalier de la Légion d'honneur.

1867. Médaille de 1re classe à l'Exposition universelle.

1867. 5 septembre. Décoré de la 4e classe de l'ordre du Medjidich d'Egypte.

1875. 6 août. Officier de la Légion d'honneur.

1875. 12 octobre. Mort à Courbevoie.

1875. 15 octobre. Inhumé provisoirement à Courbevoie.

1875. 29 novembre. Inhumé à Valenciennes.

DIFFFÉRENTS DOMICILES OCCUPÉS A PARIS
PAR CARPEAUX

1853. — 9. rue de l'Est.

1854. — 54. rue de Madame.

1862. — 125. rue d'Enfer.

1863. — 235. faubourg Saint-Honoré.

1868. — 71, rue Boileau (boulevard Excelmans), à Auteuil.

1875. — 237. rue Saint-Denis, à Courbevoie.

TABLE

DEUXIÈME PARTIE.

SOUVENIRS. — DOCUMENTS.

www.ingramcontent.com/pod-product-compliance
Lightning Source LLC
LaVergne TN
LVHW021138050726
842519LV00002B/426